河出文庫

三種の神器

天皇の起源を求めて

戸矢 学

河出書房新社

序　三種《さんしゅ》の神器《じんぎ》とは何か

三種《さんしゅ》の神器《じんぎ》についての「いかにも真相めいた言説」の一つに、「平家滅亡の時、壇ノ浦に沈みオリジナルは失われた」というものがある。今年はＮＨＫの大河ドラマが『平清盛』であるために、さらに流布されるかもしれない。

それでは事実は、どうか。

源平合戦の終幕、安徳天皇はわずか八歳（数え歳）で入水という悲劇の最期であった。そしてその際に、三種の神器のうち八咫鏡《やたのかがみ》は船上御座所にあったが、草薙剣《くさなぎのつるぎ》と八坂瓊曲玉《やさかにのまがたま》とは二位尼が携行して帝と共に海中へ失われたと伝えられる。そして、曲玉は木箱ごと浮いたためすぐに回収されたが、剣は海中に没して二度と発見されなかった。――これは事実であろう。

しかし、そのはるか昔、第十二代・景行《けいこう》天皇の時に草薙剣（天叢雲剣《あめのむらくものつるぎ》）は名古屋の熱田社に御神体として納められており、宮中に置かれていたのは「写し」あるいは「分身」である。本体（オリジナル）ではない。

それは鏡も同様で、八咫鏡は伊勢の内宮《ないくう》（皇大神宮《こうたいじんぐう》）に第十一代・垂仁《すいにん》天皇の御代に遷座して以来変わらずに鎮座している。宮中賢所《かしこどころ》に祀られるのはやはり「写し」あるいは「分身」である。すなわち平家が持ち出したものはそれである。

唯一「玉璽《ぎょくじ》（八尺勾璁《やさかのまがたま》・八《や》坂瓊曲玉《さかにのまがたま》）」のみ本体が宮中にあるとされる。

なお、剣と玉璽は天皇の行くところ常に携行するもので、これは現在に至る皇室の慣習で「剣璽御動座《けんじごどうざ》」という。

この慣例は日本神話に由来するとされるが、いささか異同があるので詳細は本文で明らかにしよう。また、剣璽御動座のために携行される玉璽が本体そのものであるかどうかについても後述する。

――という次第で、三種の神器の本体は今も変わらず無事である。どれ一つとして失われたものはない。どうぞ怪しげな流布説に惑わされぬように。

すなわち――、

▼八坂瓊曲玉の本体は東京・宮中に鎮座
▼八咫鏡の本体は伊勢・皇大神宮（内宮）に鎮座
▼草薙剣の本体は名古屋・熱田神宮に鎮座

これが事実である。

冒頭に示したような説は、すべて「写し」または「分身」において起きた事件を元にしている。

なおこれについても一部に「フェイク」や「レプリカ」と呼ぶ例があるが、必ずしも相応しいとは言えないだろう。フェイクには模造・偽物という意味合いもあるが、「写し」「分身」はあくまでも本体との連結を保証するものであって、本物に準ずる。その意味ではレプリカ（複製）のほうがまだしも実態に近いかもしれない。私自身も、これまでの著書の中でわかりやすさを訴求するために使ったことがある。

しかし、これとても正確ではない。実は、鏡も剣も、本体と同じ姿であるとは限らないからだ。皇室祭祀に「三種」が必要であるために、失われたり毀損したりした場合には補充補填しているのだが、それは新たに複製を造るのではなく、収蔵品《ストック》からピックアップしている（古き時代には模造したこともある）。そしてその時選ばれたものが、本体と同じ姿であるとは誰も保証できない。

よって、「分身」と呼ぶのが妥当であろう。歴史的には他にも様々な呼び方がされているが、本質的な意味を重視するならこの他に「御霊代《みたましろ》」「形代《かたしろ》」等と呼ぶのもよいだろう（正しくは「本体」さえもアマテラス神の御霊代であり形代である）。

それでは「本体」は、はたしてどのような姿をしているのか。天皇でさえ見ることはないとされる「本体」は、原則的に誰も知る者はいないことになる。

しかしその姿をしのぶよすがはないわけではない。

そもそも神器の名称が形状を示唆しているし、記・紀の記録以来、実見の証言や各種の伝承など、手掛かりはいくつかある。そしてそれらを手掛かりに、本書ではありのままの〈姿〉に迫っている。

それにしてもなぜ〈姿〉に迫るのか。天皇も見ることができないとされる神器の〈姿〉を明らかにして何の意義があるのか。それは不敬ではないのか。——その問いに答えよう。

たとえば八咫鏡がもし舶載の漢鏡《かんきょう》（漢代に製造された銅鏡）であるならば、それが何者によってどのような経路で宮中に入ったのかを知ることで、きわめて重大な事実が明らかになるだろう。

あるいは、もし国産の仿製鏡《はくさいきょう》（舶載鏡の複製）か和鏡（日本オリジナル）であるならば、神器の起源はさほど古くないことになる。とくに鉄製の鏡であるならば銅製よりも実用的であるが、時代はより新しい。そしてその起源はかなり具体的に特定できることになる。

いずれにしても、その姿を明らかにすることは、これまで万巻の歴史書が書き連ねて来たすべての事柄の源流を知ることである。当然と言えば当然だが、それを解析していくと、天皇という存在の本来の意味が明らかになる。ひいては、日本および日本人の「血脈」が明らかになってくる。これこそが本書の目的である。

なお、宮中祭祀には「三種」揃うことが不可欠である。とりわけ、皇位継承の祭儀においては大前提となる。三種の神器こそは、古来「皇位」すなわち「天皇という唯一無二の地位」の「保証」であるとされる。

ということは、三種の神器が揃わなければ、天皇たりえないということだ。一つでも欠けていれば、正統性を得られない。日本史上「二つの朝廷」が存在した南北朝も、三種の神器を護持していた理由のみによって南朝こそが正統であると、明治天皇によって公式に追認されたのもその証しである。

ただ、右に記した通り、宮中の鏡と剣は「分身」であるから、祭祀王として践祚《せんそ》（皇位につくこと・天皇になること）すれば、いわば〝自動的に〟本体も継承したことになる。宮中三殿はもちろん、伊勢の神宮も熱田神宮も、祭祀王たる天皇の支配下となるからだ。「分身」は、あくまでも宮中祭祀のためのものである。ということは、南朝が護持していた三種のうち、かけがえのない神器は玉璽のみであったことになるだろう。

つまり、ことは「皇位の保証」に関わってくるのだ。これほどに「重要な物品」が、他にあるだろうか。金銀宝石などは単に物理的な評価にすぎないが、これら「三種」にはまったく次元の異なる価値がある。その尊さは何ものとも比較しようがない。そもそも三種の神器は、三種類の「神器」であって、単なる道具でもなく、単なる表象でもない。三種の神器は、「神の依り代」なのである。このことを、ほとんどの研究は忘れている。

玉、鏡、剣をいくら即物的に研究しても、それは即物的な探求にすぎなくて、どこまで行っても「神器」の真の研究にはならない。

たとえば神器と似て非なるモノと比較してみよう。研究者によってしばしば持ち出されるのは西洋のレガリアだ。レガリア（regalia／ラテン語）とは、王権など高い位を象徴するもので、それを持つことによって正統性の保証とする。西洋では王冠や杖など、古代中国では印璽などをもってそれとした。しかしレガリアには「宗教的保証」はない。レガリアは、王権の証しであるが、地位の標識であるにすぎない。

一方、日本の神器の第一の意義こそは「宗教的保証」であって、国家祭祀はこれをもっておこなう。これが、日本の三種の神器と西洋のレガリアの決定的な差異である。

そして、私たち日本人の祖先たちは、これら「三種」に「神性」を見出した。神話に記されているから神器としたのではなく、神の御霊代・依り代であったから神器・神宝になったのであるだろう。何故に御霊代・依り代となったかは、これも本文に譲る。天皇は、神宝である「三種の神器」を継承することによって、天皇であることを保証される。この〃制度〃は、少なくとも一三〇〇年前までには現在の形が成立していた。

それにしても、なぜ「三種」なのか。

それぞれにどのような意味があるのか。

由来するとされる神話との関わりは、また史実との関わりは。

本書は、これらの真相を解き明かすために、三種の神器に先立つ神宝、ニギハヤヒの「十種神宝《とくさのかむだから》」、また盗難や行方不明説にも切り込んで、「天皇の保証」に迫る。いま再び「天皇とは何か」が問われる時に、本書はその存在の根底を解き明かそうという試みである。

天皇即位にあたって代々継承されてきたかけがえのない宝物――八坂瓊曲玉、八咫鏡、草薙剣の三種は、いまもなお厳然たる〝神秘〟として日本文化の根源に存在する。わが国の歴史において、それがいかに重視尊重されてきたかは、多くのエピソード、伝説が示唆している。

たとえばスサノヲがヤマタノオロチの尾の中から見出す天叢雲剣、崇神《すじん》天皇に祟る八咫鏡、そして伊勢・五十鈴川《いすずがわ》畔に辿り着くまでの長い旅路、ヤマトタケルを危地から脱出させる草薙剣、しかし天武天皇に祟る草薙剣、あるいは平家滅亡に伴われた神器、義経が後白河上皇に渡した神器、南北朝や明治維新での奪い合いから、進駐軍の接収計画――等々。歴史の節目は、三種の神器と大なり小なり関わっていたとさえ言えるかもしれない。

玉、鏡、剣という三点のキー・ワードは、日本文化を理解する重要なポイント、あるいは視点であるだろう。日本史から「神器」を消すことはできないし、日本文化から「神器」を消すこともできない。そして三種の神器が秘めている思想は、日本人のアイデンティティに直結しているのだ。私たちが今、ここにいてこうしている必然が三種の神器にあると言っても過言ではないだろう。もしもこの世に三種の神器がなかったら、これまでの日本史、現在の日本文化はよほど違ったものになっていただろう。

しかし、「三種の神器」をタイトルとした書籍・類書は実はきわめて少ない。「電化製品の三種の神器」「ビジネスマンの三種の神器」等という使われ方では目にすることが珍しくないにもかかわらず、いまや日本人の常識・基本知識から「三種の神器」は欠落してしまったかのようだ。本書は、あらためて「根源」に焦点を当てることで、日本および日本人のアイデンティティを明らかにしよう。

平成二十四年葉月　著者

三種の神器　天皇の起源を求めて

◉

目次

第三章　八坂瓊曲玉　唯一、宮中にとどまり続ける究極の秘宝　110

三種の神器

天皇の起源を求めて

第一章　八咫鏡　アマテラスが命じた「同床共殿」

■神器の第一は〈玉〉か〈鏡〉か

三種の神器の表記は記・紀では多少異なる。
『古事記』は、八尺勾璁《やさかのまがたま》、鏡（八尺鏡《やさかのかがみ》）、草薙劒《くさなぎのつるぎ》と記す。
『日本書紀』は、八坂瓊曲玉《やさかにのまがたま》、八咫鏡《やあたのかがみ》、草薙劒《くさなぎのつるぎ》と記している。

しかしいずれも〈玉〉が第一である。この順位に意味のないはずはない。

ところが、神器にまつわる様々な歴史を振り返っても、あるいは宮中においての長年にわたる扱いや位置付けを見ても、〈鏡〉を最重要視しているのは明らかだ。第一は、〈玉〉でも〈剣〉でもなく〈鏡〉なのだ。これは一体どういうことなのか。

これについて本居宣長は、崇神天皇の御代に八咫鏡と草薙剣は外に遷されたことで、宮中にとどまる「神器の本体」は八坂瓊曲玉のみとなった。神話の記述はそれをふまえてのものだろうとしている（『古事記伝』）。

　はたしてそうか。

〈剣〉と〈玉〉は、通常は天皇皇后両陛下の寝室の隣に設けられている剣璽の間に安置されており、行幸の際には携行される。これを「剣璽御動座」というのだと、すでに序で紹介した。常に身近にあって、なおかつ携行されるのは〈剣〉と〈玉〉である。〈鏡〉は決して携行されることはない。

　それどころか、〈鏡〉のみは、宮中三殿の賢所《かしこどころ》に厳重に斎き祀られており、特別な場合を除いて動くことはない。「特別な場合」とは、明治天皇即位、大正天皇即位、昭和天皇即位の際に京都の御所へ遷御された三度のみである（皇居内での移動は除く）。

　明治に入って東京へ遷都してからも、天皇即位礼は京都の御所にておこなうこととなっていた。そのため国を挙げての大イベントが執りおこなわれたのであるが、とくに東京と京都の市街地における鹵簿《ろぼ》（行幸啓の行列）は盛大であった（しかし戦後の典範改正によって、即位礼はすべて東京の皇居にておこなわれることとなったため、今後はそれもおこなわれることはない）。

　行幸の鹵簿では、〈鏡〉を奉斎した御羽車《おはぐるま》が先を行き、これに天皇の鳳輦《ほうれん》（天皇行幸用の輿・乗り物）が続き、さらに皇后の鳳輦となる。なお、天皇の鳳輦には剣璽、すなわち〈剣〉と〈玉〉が奉戴携行されている。

　つまり剣璽は〈鏡〉の後ろに付き従っているのだ。また、あらためて言うまでもないことだが、携行されるほうが、より軽い扱いであることは明らかであろう。

しかも、〈剣〉と〈玉〉とが普段安置されている剣璽の間とは、あくまで「部屋」の一つであって、「社殿」ではない。

比べるまでもないが、賢所は「社殿」であって、〈鏡〉はそこにアマテラスの御霊代・御神体として祀られているのだ。両者の扱いの、なんという差異であろうか。

しかも宮中の〈鏡〉は「分身」なのだ。「本体」は伊勢の内宮にあって、宮中ではその「分身」をこれ以上ないほどに手厚く祀っているのである。賢所は、実に二十四時間体制で内掌典たちに傅《かしず》かれており、古来「消えずの灯明」が絶えることはない。

大正四年、京都行幸の儀。京都停車場より御所内春興殿へ向かわせらるる御羽車。八瀬童子足並みを揃えて烏丸通を北に進みゆく光景。『御大礼御写真帖』（大正四年刊）より。

なお、即位大礼において賢所の御羽車は古くから八瀬《やせ》童子《どうじ》が担ぐならわしとなっており、御大喪においても葱華輦《そうかれん》を担ぐならわしである。八瀬童子とは、京都八瀬里に代々居住して「朝廷の駕《か》輿丁《よちょう》」として奉仕する一族のことである。

ただし戦後は、一九四七年の皇室令廃止にともなって、皇宮護衛官がおこなうこととなった。そして昭和天皇の御大喪の際には特別なはからいで、八瀬童子の子孫たちは葱華輦の後に付き従うことが許された。

■神秘の宮中三殿

東京の真ん中にありながら、最も聖なる場所の代表格でもある賢所《かしこどころ》（通称「けんしょ」）とはどのようなところか、ここに紹介しよう。

天皇皇后の居住する吹上御苑は、面積約四一万平方メートル（一二万四〇〇〇坪）に及ぶ、皇居全体の三分の一を占める天皇のプライベート・エリアだ。

いささか不謹慎だが、他の都内の施設と比べてみるとわかりやすい。東京ドームが四万七千平方メートル、つまり九個ほど収まる広さである。これが「自宅の敷地」というわけだ。日本国の君主としての威儀を保つに相応しい規模の宮殿であるだろう。

かつてはこの中に九ホールのゴルフ・コースもあった。しかし昭和天皇のご意志で昭和十二（一九三七）年から手入れは一切禁止された。そのためフェアウェイもすべて短期間で野草に被われて、今は武蔵野の原野に戻った。

ほとんど誰も入ることのない奥深くは、まるで奥秩父の谷間や森の様相を呈している。吹上御苑はもはや庭園ではなく、坂東の林野そのものである。都心の、これだけの面積が自然のままの植物叢を保持しているというのは奇跡に近い。鬱蒼《うっそう》とした櫟《くぬぎ》や楓《かえで》、欅《けやき》などの樹木は、わかっているだけでも四百種近くに及び、野鳥も渡り鳥や鳥も含めて百種近いという。東京という世界的大都市の真ん中にありながら、動植物にとってのサンクチュアリになっているのだ。さしずめ、昭和天皇の偉大なるご功績の一つであろう。

　奇しくも明治神宮の森も同時代に誕生した。枯葉一枚持ち出しを許さず、ということであるがままに守られて、今やとても人工の森とは思えないほどの鬱蒼たる佇まいだ。

　明治神宮の森は大正九（一九二〇）年創立の時に全国から植木の寄進を受けて、以来育んできた完全な「人工森林」である。今や、さながら原生林のようであるが、もとは荒れ果てた原野が主体で、森らしいものはほとんどここにはなかった。百年計画で完璧な鎮守の森を造るという壮大な実験に取り組み、もはや成功は誰の目にも明らかだ。

　もともと日本人は里山を造る能力に長けていて、これはその一つの成果なのかもしれない。森林を破壊するのはたやすいが、創造するのはなかなか難しい。しかも都心で、いずれも数十年で造り上げられたことは、次世代への大きなメッセージでもあるだろう。

宮中三殿御図（『宮中三殿御図并三大祭典御図』より）

　吹上御苑も勤労奉仕に参加すると、けっこう奥深くに入る機会があるので、一度は参加するのもよいかもしれない。
　そんな皇居の森の奥深くに、築地《ついじ》塀《べい》に囲まれて宮中三殿が鎮座している。夜間はもちろん、昼間でも警備の皇宮護衛官を除けば誰かがたまたま通りかかるということのない禁足のエリアである。

ただ、毎朝一度、今上陛下《きんじょう》ご自身が参拝に訪れることになっており、しかし多くは侍従が代参する。

三殿は、向かって右から神殿《しんでん》、賢所《かしこどころ》、皇霊殿《こうれいでん》となっており、すべて檜の白木造りである。ただ、屋根は当初檜皮《ひわだ》葺きであったものが防火のためとして銅板葺きに換えられてしまった。明治三十八（一九〇五）年のことだ。

神殿は「八百万《やおよろず》の神々」を祀り、皇霊殿は「歴代天皇と皇族」を祀り、中央の賢所には「天照大御神《アマテラスオオミカミ》」を祀る。そして賢所にはアマテラスの御霊代・御神体として八咫鏡の分身が祀られている。

しかし、なぜか二座、祀られている。

一ノ御座《みくら》は賢所の内々陣の中央に鎮座し、二ノ御座はその向かって右わきに鎮座する。この配置は室町時代に吉田兼倶《かねとも》によって決められたものという。ともに同じ大きさの唐櫃《からひつ》で、高さ約九〇センチメートル、縦横約八〇センチメートル。ともに重量約二〇〇キログラム。これらは皇宮警察の記録による。

皇宮警察はいざという時のために避難訓練をおこなっているが、その防備の対象の最たるものは言うまでもなく「三種の神器」である。今上陛下ご自身、つまり「玉体」という生身の陛下は二の次になる。

また、「三種」の中でも賢所の御神体は最優先である。ただ、それが二座あり、しかも各二〇〇キログラムあると知る者は多くない。いざという時には、若き皇宮護衛官が一座充て六人がかりで運ぶことになっているという。

内々陣の唐櫃には、二つとも紐が網目状に搦《から》めてある。天皇が即位した時に手ずから掛け替えるもので、これを「お搦めの神事」という。

お搦めの神事は、宮中でももともとの意味がわからなくなっているようだが、おそらくこれは「九字《くじ》」だろう。紐で縦横を繰り返して「臨兵闘者皆陣列在前《りんぴょうとうしゃかいじんれつざいぜん》」――修験道ではこの九字を唱えながら指二本を立てた手刀で縦四横五に宙を切る。いかなる魔をも退散させる護身の呪文とされている。ただしもともとの道教では「臨兵闘者皆陣列前行」である。――つまり「封印」である。〈鏡〉は唐櫃に封印されているのだ。

賢所を中心とする宮中三殿は、掌典と呼ばれる男性職と、内掌典と呼ばれる女性職が奉職している。これらを総称して掌典職という。とくに内掌典という女性スタッフは古式のままに神事に仕え、二十四時間体制で奉仕し続けている。

現在は四年交替に変えられたようだが、それまでは終身務める例も多く、五十七年間務め上げた女性の手記（聞き書き）はその様子を知る上で貴重な証言だ（『宮中賢所物語』高谷朝子）。髪型・服装から言葉遣いや日々の決まり事など、平安時代の宮中さながらで、「消えずの灯明」とともに守られてきたのは驚くべきことだ。

賢所は原則として天皇・皇后、皇太子・皇太子妃、および掌典・内掌典以外は入ることができない。

賢所の内々陣には、正面に一ノ御座、右手に二ノ御座、いずれもまったく同じ形状の唐櫃《からひつ》が鎮座している。この国で最も聖なるものの一つはこうして存在する。

■卜部氏の本家、吉田兼倶

内々陣の配置を決めた吉田兼倶は吉田神道、別名、唯一神道の創唱者である。
宮中祭祀について兼倶の果たした役割はきわめて大きい。とくに内々陣に関わって後、吉田家との親密度はさらに深まり、戦国時代に入って吉田兼見の代には、ついに「宮中の神」を預かるまでになった。

天正十八(一五九〇)年、後陽成天皇の勅により、八神殿《はっしんでん》を宮中から移動させることとなった。八神殿は、天皇を守護する八神を祀る神殿である。それまで律令制の下で神祇官西院に設けられていた。

これを吉田兼見が吉田神社境内に奉遷したのである。そしてそれ以後は、天皇に替わって天皇守護の祈祷を吉田神社でおこなうことになった。後々、明治五年になって「八神殿の神璽」は宮中皇霊殿へ返されることになるのだが、その間実に三百年にわたり吉田神社において祀られたのだ。

吉田神社吉田家は、この保証によって、奉遷後三百年間にわたり神道界に君臨することになる。「宗源宣旨《そうげんせんし》 並《ならびに》裁許状《さいきょじょう》」を発行し、全国の神社の神職任免権を持ったのだ。すなわち神道界の宗家とされるようになった。現代の神社本庁はもとより、戦前の神祇省よりはるかに強力な権威である。

八神殿に祀られる神は以下の神である。第一殿・神産日神《かみむすびのかみ》、第二殿・高御産日神《たかみむすびのかみ》、第三殿・玉積産日神《たまつめむすびのかみ》、第四殿・生産日神《いくむすびのかみ》、第五殿・足産日神《たるむすびのかみ》、第六殿・大宮売神《おおみやめのかみ》、第七殿・御食津神《みけつかみ》、第八殿・事代主神《ことしろぬしのかみ》。

天皇を守護することによって、すなわち国家も守護するとされる神々である。鎮魂祭では、この八神に大直日神《おおなおひのかみ》を加えた九神を祀る。ここには伊弉諾神《いざなぎのかみ》も伊弉冉神《いざなみのかみ》もいない。

八神殿は文字通り八つの神殿から成り、東面（東向き）して一列に並ぶ。北から第一殿、第二殿と数えるが、一、五、八の社殿の前に鳥居が立つ。

『延喜式神名帳』に記載される宮中神祇官西院の八神殿は「御巫祭神八座」として、大社に列せられているものだ。

ここに祀られる神々で、とくに注目すべきは第一殿から第五殿までの「産日神《むすびのかみ》」である。

「むすひ」は「産霊」とも記す。「結び」の語源となる語であるが、「むす」は「生む」ことで、「日」も「霊《ひ》」も太陽に象徴される世界をいう。

すなわち「造化《ぞうか》の神」であって天地創造の神々である。

万物は「むすひ」の力によって生成発展するとは、神道の根源の思想である。この吉田家の祖であり、唯一神道の創唱者こそが吉田兼倶、本姓は卜部《うらべ》である。卜部氏といえば、古代から続く神祇職のエリートで、兼倶はその本家筋にあたる。当然ながら日本神話にも通暁し、宮中祭祀の本質も承知していたはずである。

伊勢の神宮は皇大神宮《こうたいじんぐう》すなわち内宮《ないくう》と、豊受大神宮《とようけ》すなわち外宮《げくう》とからなるが、神器である八咫鏡を御神体とするのは皇大神宮である。すなわち賢所こそは、皇大神宮そのものであるという位置付けだ。

そして八咫鏡の形代は、一ノ御座に鎮座する。

それでは二ノ御座とは何か。この配置を決めた吉田兼倶はもちろん承知していたことだろう。そうでなければ配置は決められない。しかしその後皇室関係者のどれだけの者がこのことを知っていたかはわからないし、その存在自体がいかなる記録にも確認されない。

なお、宮中祭祀は、公務ではない。戦後の新憲法で「政教分離」などという愚かな原則を採用したために、公務という扱いができなくなってしまった。

それでは何なのかといえば、「天皇の私事」であるという。私事だから、おおやけにする必要はない。また、それに携わる者たちも、宮内庁の職員ではなく、天皇の私的使用人なのである。

掌典職とは「国家行政機関たる宮内庁の組織とは別の内廷の組織で、皇室の祭祀のことをつかさどっています。掌典長の統括の下に掌典次長・掌典・内掌典などが置かれています。」――こう宮内庁は説明している。名称は戦前の宮内省掌典職時代となんら変わらぬままに、位置付けと処遇のみが変わった。宮内庁職員つまり国家公務員ではなくなり、内廷職員という私的存在になったのだ。昭和二十二（一九四七）年五月三日のことだ。この日、日本国憲法は施行された。

■八咫鏡の由来

それでは天神《あまつかみ》の神宝として鏡の由来はどこまで究明できるのだろう。記・紀に、鏡は「造らせた」と明記されている。造った者の名まで記されている。岩戸隠れの際にイシコリドメに造らせたのが八咫鏡だ。

神話のままにたどるなら、八咫鏡は高天原でイシコリドメに造らせたものを、天孫降臨にあたってアマテラスがニニギに授けたものだ。

イシコリドメは石凝姥命（『日本書紀』一書第一）、伊斯許理度売命《イシコリドメノミコト》（『古事記』）、石《イシ》凝戸辺《コリトベ》（『日本書紀』一書第三）、石凝姥神（『古語拾遺』）などとも記される。鏡作連の祖。天孫降臨の際、ニニギに随伴して天降るよう命じられた五伴緒《いつとものお》（随伴五部神）の一。他は天児屋命《アメノコヤネノミコト》、太玉命《フトダマノミコト》、天鈿女命《アメノウズメノミコト》、玉祖命《タマノオヤノミコト》。

鏡作氏は渡来系氏族で、鏡の製作を専門におこなう鏡作部であるが、天孫降臨に随伴した五部神の一でもあったところから、「連」姓まで与えられている。

イシコリドメの名は、石の鋳型を用いて鏡を鋳造する老女の意味である。祭神として祀る神社は、北は青森から南は鹿児島まで一七〇社余あるが、大元は奈良県磯城《しき》の鏡《かがみ》作坐天照御魂《つくりにますあまてるみたま》神社であるだろう。その「由緒」にこうある。

「上代人が己ガ魂の宿るものとして最も崇啓尊重した鏡類を製作鋳造することを業としていた鏡作部がこの地一帯にわたって住居し御鏡（天照国照彦火明神《あまてるくにてるひこほあかりのかみ》）並びに遠祖（石凝姥命）を氏神として奉祀したのが当神社であって古来鏡鋳造鋳物元祖の神として尊崇信仰されている。」

▼鏡作坐天照御魂《かがみつくりにますあまてるみたま》神社（通称・鏡作《かがみつくり》神社）奈良県磯城郡田原本町八尾816
【祭神】天照國照彦天火明命　石凝姥命　天糠戸命

磯城郡内には他にも三社ある。古墳時代に鏡を生産する拠点がこの地域であったことがわかる。

▼鏡作伊多《かがみつくりいた》神社　奈良県磯城郡田原本町宮古60
【祭神】石凝姥命
▼鏡作《かがみつくり》神社　奈良県磯城郡三宅町石見650
【祭神】石凝姥命
▼鏡作伊多神社　奈良県磯城郡田原本町保津150
【祭神】石許利止賣命

鋳物の神・金属加工の神として、鞴《ふいご》神社（大阪市天王寺区）、中山神社（岡山県津山市）、岩山神社（岡山県新見市）などにも祀られている。

『鏡作坐天照御魂神社由緒』にはこうある。

「第十代崇神天皇のころ三種の神器の一なる八咫鏡を皇居におまつりすることは畏れ多いとして別の所におまつり致し（伊勢神宮の起源）更に別の御鏡をおつくりになった。その神鏡を八咫鏡をおつくりになった石凝姥命の子孫鏡作師がこの地に於いて崇神天皇六年九月三日に鋳造した。それを内侍所の神鏡と称するがその鋳造に当たって斌《ひん》鋳せられた像鏡は之を天照国照彦火明命と称えておまつりした。」

　ということは、ここの御神体として祀られているのも〈鏡〉であって、しかも宮中内侍所に祀ることとなった〈形代〉〈分身〉とそっくりであるという。ただし、それはアマテラスの御霊代ではなく、天照国照彦火明命、つまりニギハヤヒの御霊代として祀ったという。

　この「由緒」では「畏れ多いとして」と記しているが、『日本書紀』ではその理由が具体的に書かれている。疫病により国民の半数が死亡し、百姓の流離や反逆がはなはだしく、統治するのが難しい、とある。これを崇神天皇はアマテラス神と日本大国魂神《ヤマトノオオクニタマノカミ》の「祟り」であったとする。崇神天皇（の御代）に祟りをなしたゆえに「畏れ憚って」宮居の外に祀ることになったのだと読み取れる。

そこで、アマテラス神＝八咫鏡は、もともとアマテラス神の命じた通り宮中に同床共殿《どうしようきようでん》されていたものを、畏れ憚って倭笠縫邑《やまとのかさぬいのむら》に遷坐した。この時、〈鏡〉と言わず〈天照大神〉と呼んでいる。

「（天照大神を）天皇《すめらみこと》の大殿《みあらか》の内に並祭《いはひまつ》る。然《しか》して其の神の勢《いきほひ》を畏《おそ》りて、共に住みたまふに安からず。故《かれ》、天照大神を以ては、豊鍬入姫命《トヨスキイリビメノミコト》に託けまつりて、倭の笠縫邑に祭る。」

「アマテラス神＝八咫鏡」を宮中に祀っていたが、その神威を畏れて、崇神天皇は皇女・豊鍬入姫に「託」して倭の笠縫邑に遷した、とある。

そしてさらに次の第十一代・垂仁《すいにん》天皇の御代（以下、原文省略）。

笠縫邑に鎮座していた「アマテラス神＝八咫鏡」を、垂仁天皇は豊鍬入姫命から離し、皇女・倭姫命に「託」した。倭姫命は鎮座地を探して宇陀の篠幡に行き、次に近江国に行き、美濃を巡って伊勢国に至った。その時、天照大神は倭姫命に教えて言った。「伊勢の国は常世の波が打ち寄せる国、果ての国であるけれども美しい国である。この国にとどまりたいと思う」と。そこで、大神の教えにしたがって、祠《やしろ》（内宮）を伊勢の国に建てた。

――神武天皇より歴代の天皇が継承して宮居の内に祀ってきたが、第十代・崇神天皇の御代には宮居の外において祀ることとなり、それからさらに各所を経て、次の代の垂仁天皇の時に伊勢国五十鈴川《いすずがわ》の畔に鎮座した。これが「アマテラス神＝八咫鏡」が大和からいくつかの地を経巡りて、ついに伊勢の地へと遷り坐した由来である。鎮座した社祠を皇大神宮、通称を内宮という。

▼皇大神宮《こうたいじんぐう》（通称・内宮《ないくう》）　三重県伊勢市宇治館町1
【祭神】天照坐皇大御神《アマテラシマススメオオミカミ》　【相殿神】天手力男神《アメノタヂカラオノカミ》、萬幡豊秋津師比売命《ヨロズハタトヨアキツシヒメノミコト》
▼豊受大神宮《とようけだいじんぐう》（通称・外宮《げくう》）　三重県伊勢市豊川町279
【祭神】豊受大御神《トヨウケノオオミカミ》　【相殿神】（東一座　西二座）＊神名非公表であるが、一説に、天津彦々火瓊々杵尊《アマツヒコヒコホノニニギノミコト》、天児屋根命《アメノコヤネノミコト》、太玉命《フトダマノミコト》

今の形の社殿の基本は、後に第四十代・天武《てんむ》天皇によって造営されたものだ。さらに天武帝は、これ以後社殿を二十年毎に新たに造り直すという遷宮の制度をも定めた。

その記念すべき第一回の遷宮は、次の持統《じとう》天皇（天武の皇后が即位）の御代におこなわれる。

神社建築の粋とされる「神明《しんめい》造り」の社殿は天武天皇によって初めて建設され、その遷宮の制は天武帝が定めて持統帝が実行した。すなわち皇大神宮は、天武・持統の夫婦

天皇と深く関わっているのである。

ところでアマテラスは八咫鏡を天孫ニニギに授ける時に、アマテラスそのものだと思って祀るようにと神勅を下している。その由縁は、岩戸開きの際に、アマテラスを映して光り輝いたことによっている。

このエピソードは、アマテラス、つまり「日＝太陽」を映したということで、反射鏡を想像させる。鏡が人の姿を映す目的のものであるのは私たちの常識であるが、古代においては凹面鏡で陽光を集めて焦点を結ばせ火を生み出した。つまり、「太陽を映す鏡」である。現在でも、オリンピックの聖火は、古式さながらに凹面鏡で着火している。

八咫鏡がアマテラスを映したものであるとの意味は、この機能を思わせるところから、凹面鏡ではないかと私は考えている。いにしえにおいて、祭祀に用いる火は鏡によって得られたのではないか。日神を映した鏡、だからこそそれが御神体・依り代・御霊代となるのではないか。八咫鏡は、少なくとも当初は凹面鏡であっただろう。

なお、八咫鏡は「真《ま》経《ふ》津鏡《つのかがみ》」ともいう（『日本書紀』）。石上神宮《いそのかみじんぐう》の神体は布《ふ》都御魂剣《つのみたまのつるぎ》というが、当然なんらかの血縁はあるだろう。

さてそれでは、八咫鏡はそもそもどこから来たものだろうか。

■ニギハヤヒが授かった十種神宝

邇邇藝命《ニニギノミコト》の兄である邇藝速日命《ニギハヤヒノミコト》が降臨する際に、天神御祖《あまつかみのみおや》（アマテラス）から「十種《とくさの》神宝《かむだから》」を授けられたと『先代旧事本紀《せんだいくじほんぎ》』にある。

『先代旧事本紀』は平安時代初期に成立した史書であるが、一部にそれ以前の史書にはない記述があり、貴重な資料として近年見直されている。成立には物部氏が関与しているのではないかと考えられており、なかでもニギハヤヒに関するくだりには他に例のない記述があり、きわめて貴重である。

　その記述によれば、「十種神宝」とは、十種類の神宝であり、正しくは「天璽《あまつしるし》瑞寶十種《みずたからとくさ》」という。内訳は、鏡が二種、剣が一種、玉が四種、比礼《ひれ》が三種である。

【天璽瑞寶十種】
贏都鏡《おきつかがみ》
邊都鏡《へつかがみ》
八握劒《やつかのつるぎ》
生玉《いくたま》
死返玉《まかるかへしのたま》
足玉《たるたま》

道反玉《ちかへしのたま》
蛇比禮《おろちのひれ》
蜂比禮《はちのひれ》
品物比禮《くさぐさのもののひれ》

*表記は『先代旧事本紀』に依拠

『日本書紀』および『先代旧事本紀』では、ニギハヤヒ（邇藝速日命・饒速日命）は、アマテラスより授けられた十種神宝を持って、天磐船《あめのいわふね》に乗って空を飛び、河内（大阪府交野市）の河上に天降ったという。そしてその後大和へ移動したとある。繰り返すがニギハヤヒはニニギの兄である。ニニギの天孫降臨とは別に、ニギハヤヒの天孫降臨がすでにあったと記されているのだ。しかも神武が大和入りした時には、すでに伯父のニギハヤヒがそこを統治していた。

神武は当初はそれを知らぬままに闘うが、ナガスネヒコらに苦戦、結局戦闘では勝つことができなかった。

ところがナガスネヒコが崇めるニギハヤヒが登場し、互いに天神であることを確認すると、なんとニギハヤヒが、神武に大和の統治権を譲るのである。これが、大和朝廷の始まりとなる。

しかしなぜニギハヤヒは神武に統治権を譲ったのだろうか。右に紹介した経緯から考えれば、互いに天神《あまつかみ》であることが判明したなら、その立場から見て「神武が引く」のが筋ではないのか。神々の系譜からも、あきらかにニギハヤヒのほうが格上である。ニギハヤヒが「引く」謂われはない。

この際、統治権とともに、その保証である十種神宝も渡したと考えられるが、それについての記述は書紀・本紀ともに見当たらない。不思議なことに、十種神宝は以後行方不明とされている。

なお古代朝廷において祭祀を司る氏族の代表格である物部氏は、ニギハヤヒの子の宇《ウ》摩志麻遅命《マシマジノミコト》を祖としている。そこから、大和の先行政権と物部氏の関連を考えることもできる。また、物部氏が自らの権威付けとして、天皇家より古い神を求めたとも考えられる。

■先に天孫降臨したニギハヤヒ

ニギハヤヒは天神である。地祇《くにつかみ》ではない。記・紀の神武編において本文中で神武天皇が確認するくだりが明記されている。

『古事記』では邇藝速日命と、『日本書紀』では饒速日命、『先代旧事本紀《せんだいくじほんぎ》』では天照国《アマテルクニ》照彦天火明櫛玉饒速日尊《テルヒコアメノホアカリクシタマニギハヤヒノミコト》と記される。

天孫・邇邇藝命《ニニギノミコト》の兄である天火明命《アメノホアカリノミコト》と同一神とされる。ニギハヤヒが第一子で、ニニギが第二子である。つまりこれにしたがえば、神武天皇は次男の系譜ということになる。

ニニギは、『古事記』では天邇岐志国邇岐志天津日高日子番能邇邇藝命《アメニギシクニニギシアマツヒコヒコホノニニギノミコト》、『日本書紀』では天饒石国饒石天津彦火瓊瓊杵尊《アメニギシクニニギシアマツヒコホノニニギノミコト》などと表記する。

ニニギの天孫降臨は、日向国の高千穂の峰に降るというものである。降る様についての但し書きはとくにない。

これに対してニギハヤヒの天孫降臨は、天磐船《あめのいわふね》に乗って空からやってくるというもので、なかなか派手なパフォーマンスだ。なにしろ記・紀・本紀の全編を通じて「空を飛んで出現する」のはニギハヤヒのみである。

またその乗り物である天磐船も、他には一切登場しない。飛行する乗り物自体が他には例がない。この時代に〝飛行船〟という発想をすること自体が際立っている。――これはいったい何を意味するものなのか。岩の船が水に浮くどころか空を飛ぶというのだ。しかもそれに乗ってニギハヤヒはやってきた。

ニギハヤヒは、丹後宮津の籠神社《このじんじゃ》に祀られている。籠神社の神宝は二種の鏡である。息津鏡《おきつかがみ》（沖津鏡・巏都鏡）と辺津鏡《へつかがみ》（邊都鏡）である。いわゆる「十種神宝《とくさのかむだから》」の筆頭に数えられるものだ。

神宝二鏡について籠神社の由来にこうある。

昭和六十二年十月三十一日（旧暦九月九日・重陽の節句）に二千年の沈黙を破って突如発表されて世に衝撃を与えた之の二鏡は、元伊勢の祀職たる海部直の神殿の奥深くに無二の神宝として安置されて、當主から次の當主へと八十二代二千年に亘って厳重に伝世され來ったものである。日本最古の伝世鏡たる二鏡の内、邊津鏡は前漢時代、今から二〇五〇年位前のものである。又、息津鏡は後漢時代で今から一九五〇年位前のものである。そしてこの神宝はその由緒が国宝海部氏勘注系図に記載されており、又當主の代替り毎に、口伝を以っても厳重に伝世されたものである。

確かに二種の鏡は伝世鏡（発掘ではなく伝えられた物）であるため保存状態はよく、第一の息津鏡は約二〇〇〇年前のもの、第二の辺津鏡はそれよりさらに古い、という鑑定がなされている。

また第一のほうが第二より新しいという事実は、第二の辺津鏡は当初のままであるが、第一の息津鏡は身代わりとも考えられる。

そこで思い出されるのは、伊勢の皇大神宮の鎮座にあたって、豊受大御神《トヨウケノオオミカミ》を籠神社奥《おく》宮《みや》の真名井から連れていったという故事である。

アマテラスは、

「食事をつかさどる神が丹波〔後・丹後〕の真名井にいるという。それをわがもとに遣わせ」

と言って、豊受大御神（止由気大神）の随行を求めたというものだ。

この時に息津鏡は朝廷へ献上されて、八咫鏡になったのではないか。現在の息津鏡は直径一七・五センチメートルの「内行花文鏡《ないこうかもんきょう》」である（写真参照）。

そして籠神社では、献上したために欠落していたが、身代わりの鏡をもって、後年神宝を補ったのではないだろうか。それならば、製作年代の微妙な差は理解できるというものだ。

なお、籠神社の宮司を代々務める海部《あまべ》氏の系図は、系図としては唯一の国宝に指定されている。海部氏とは尾張氏（熱田神宮宮司家）の本家であり、その祖は、当然とも言うべきだろうが、主祭神の彦火明命《ヒコホアカリノミコト》であり、別名邇藝速日命《ニギハヤヒノミコト》である。

籠神社の息津鏡。直径 17.5cm

■籠神社は〝元伊勢〟か

「空からやってくる」という特別な神は、空に輝く太陽にふさわしい。息津鏡が太陽をシンボライズしたとされる内行花文鏡であるのも合点が行く。

外宮のトヨウケ神の由来は、アマテラスが鎮座にあたって望んだために丹波国にいた等由気大神を呼び寄せたのだという（外宮の社伝による）。それにしてもなぜ「丹波〔後・丹後〕」なのか、籠神社は各地にある元伊勢《もといせ》（皇大神宮が伊勢に行くまでに一時的に鎮まっていた地）の中で、最も古い元伊勢である。つまり、トヨウケ神は当初からアマテラス神と深い関わりを持っていたということではないか。

▼籠神社　京都府宮津市字大垣430　旧丹後国　与謝郡
【祭神】彦火明命《ヒコホアカリノミコト》（別名）天火明命　天照御魂神　天照国照彦火明命　饒速日命（配祀）天照大神　豊受大神　海神　天水分神
丹後国一宮　式内社（名神大）　旧社格は国幣中社（現、神社本庁の別表神社）
別称　籠宮大社　元伊勢大神宮　一の宮大神宮　内宮元宮
日本三景の一・天橋立は元は籠神社の参道であったといわれる。

なお、近年まで公式にはニギハヤヒは祭神ではなく、現在でも別名になっている。

しかしニギハヤヒほどの神格神に、主祭神として祀る大社・古社がないのは不自然である。オオクニヌシの出雲大社、オオモノヌシの大神神社、地祇でさえトップクラスはこれだけの大社に祀られている。ましてニギハヤヒは天神である。これらと同等か、もしくはそれ以上の神社に祀られていなければおかしい。

後世に祭神をニギハヤヒに比定したものや、合祀は少なくない。現在公式にニギハヤヒを祭神とする神社は二〇一社ある。摂社・末社を除くと一八四社。

籠神社は今もなお、これらの中には数えられていない。丹後国一宮であるが、社格は国幣中社であって、決して特別に高くはない。祭神は公式には天火明命（彦火明命）である。そしてその本体が邇藝速日命であると神社自ら表明しているが、異論もあって落着していない。公式に祭神神社として数えられていないのは、おそらくそれが理由だろう。『新撰姓氏録』でも、ニギハヤヒは天神（高天原出身であるが皇統ではない）としていて、アメノホアカリは天孫（アマテラスの直系の皇統）としている。

祭神が一体のものであるかどうかは別としても、籠神社がニギハヤヒとなんらかの深いつながりがあるのは間違いないだろう。神社神宝の息津鏡（沖津鏡）・辺津鏡はきわめて古い伝世鏡であることが判明しており、この呼び名がニギハヤヒの十種神宝から来ているのは言うまでもない。

とすれば、この鏡を祀るために設けられた社であるとも考えられる。奥宮の真名井神社の祭神はアメノホアカリで岩磐を神体としてもとからあって、その後に籠神社の祭神はニギハヤヒで鏡を神体として建立されたのかもしれない。

また、内宮の祭神は、当初は邇藝速日命《ニギハヤヒノミコト》＝天照国照彦天火明櫛玉饒速日尊《アマテルクニテルヒコアメノホアカリクシタマニギハヤヒノミコト》のみであったが、皇祖「大日孁貴《オオヒルメノムチ》（アマテラス神の古き名）」を習合して「天照大御神《アマテラスオオミカミ》」という名の最強の守護神となったのではないかと私は考えている。これは内宮の御神体である八咫鏡との関連からの推論である。

しかしもちろん、現在は内宮の祭神は天照大御神であり、外宮の祭神は豊受大御神である。そしてそれぞれの神域に、取って付けたように月読宮が祀られている。内宮の実体である邇藝速日命は消され、外宮からは本来の月読命とともに、その実体の痕跡も消された。これをおこなったのは、桓武《かんむ》天皇であると私は考えている。時期的にも、またそれが可能な強大な権威権力という点からも、他には見当たらない。

ちなみに日前神宮《ひのくまじんぐう》・國懸神宮《くにかかすじんぐう》には八咫鏡に先立って鋳造された鏡である日像鏡《ひがたのかがみ》・日矛《ひぼこの》鏡《かがみ》が御神体として祀られている。日像鏡は、呼び名や経緯から考えて、おそらく「内行花文鏡」であろうと私は推測している。そして当然のことながら、当初の八咫鏡とまったく同形であるだろう。

▼日前神宮《ひのくまじんぐう》・國懸神宮《くにかかすじんぐう》　和歌山県和歌山市秋月三六五
【日前神宮祭神】日前大神《ひのくまのおおかみ》（神体は日像鏡《ひがたのかがみ》）【相殿】思兼命《オモイカネノミコト》、石凝姥命《イシコリドメノミコト》
【國懸神宮祭神】國懸大神《くにかかすのおおかみ》（神体は日矛鏡《ひぼこのかがみ》）【相殿】玉祖命《タマノヤノミコト》、明立天御影命《アケタツアメノミカゲノミコト》、鈿女命《ウヅメノミコト》

■「鏡」の祭祀へシフト

現在、大多数の神社は〈鏡〉を御神体・御霊代・依り代として祀っている。
しかし実は、明治になるまで、多くの神社には御神体はなかった。それが、明治に入

ってから鏡を奉斎したのだ。これは明治政府の政策によるものだ。

アマテラス神と鏡の取り合わせが、まず初めにあったのは記・紀の記述からも疑いようがない。神とは第一にアマテラスのことであり、依り代とは鏡のことである。

しかし、神社に〈鏡〉が祀られるのは近年まで決して多くはなかった。

ということは、アマテラス神が普遍化していなかったということでもある。全国の多くの神社は、アマテラス神ではない神を祀り、信仰していたのだ。

すなわち明治維新は、神社維新でもあった。


ただし祭祀の大転換は、これまでにも何度かあった。

いまだに真相は明らかではないが、〈銅鐸〉の出現と消失もその一つだろう。

謎の遺物「銅鐸」はまぎれもなく祭器であったはずで、私たちの歴史の記憶からは完全に失われているが、〈鏡〉より前に〈鐸〉の祭祀があったのだ。〈鐸〉の祭祀については後の章であらためて述べるが、アマテラス神より以前に〈鐸〉を重要な祭器としておこなわれる祭祀のあったことは間違いないだろう。それがいかなる神なのかはわからない。またいかなるスタイルであったのかも皆目わからない。

ただ、その祭祀がおこなわれなくなったのは、おそらくは「アマテラスの鏡」が転換点になっているのではないかと思われる。〈鏡〉の出現は、宗教革命であったのか。

■三角縁神獣鏡《さんかくぶちしんじゅうきょう》は「アマテラスの鏡」か

『魏志』の「倭人伝」に、景初三（二三九）年に魏より倭の女王・ヒミコに「銅鏡百枚」を与えたという記録がある。いわゆる「三角縁神獣鏡」がそれであろうと私は結論している。

その特定についてはいくつかの異論があることは承知しているが、いずれもさほど説得力のあるものではない。

簡単に説明しておくと、三角縁神獣鏡はその名のように縁取りの断面が「三角」形状になっており、裏面の彫刻紋様が「神像」と「霊獣」であるものをいう。わが国の古墳時代前期の古墳から主に発掘されているが、その総数は五〇〇面ほどにも及ぶ。

三角縁神獣鏡（奈良・黒塚古墳出土13号鏡）（橿原考古学研究所蔵）

そもそも三角縁神獣鏡が「ヒミコの鏡」とされるようになったのは、「倭人伝」の記述と時代的に一致することと、中に「景初」の年号が刻印されているものがあったことによっている。

しかし研究が進むにつれていくつかの疑問点が提起され、それが今もなお論議の的となっている。その代表的な論点をここに紹介しておこう。

①現在までに発掘発見されている枚数が五〇〇面にも及ぶが、記録は一〇〇面なので多すぎる。
②中国では一面も出土していない。
③刻印されている「景初四年」の年号は存在しない（景初は三年まで）。実在しない年号が刻印されている。

これに対する反論も出揃っている（それでも納得しないひとはいるのだが）。

①について。

五〇〇面といっても実はまったく同じ姿ではなくて、最初に示した「定義」に当てはまるということである。具体的にはその種類は様々で、絵柄紋様の厳密な相違をカウントすると二〇〇種以上になる。おそらく今後も発掘ないしは発見があると思われるので、数はさらに増え続けることだろう。

しかしそれでも何の問題もない。魏から倭へ銅鏡がプレゼントされたのがこの時一回だけとは限らないということもある。

また、プレゼントされた一〇〇面は魏において製作されたものであるが、倭の朝廷は国内的に威信を示す格好の素材として、この同笵鏡《どうはんきよう》（鋳型を取って造る複製の鏡）を各地の首長豪族たちに与えたとも考えられる。発掘されたものの中には絵柄が崩れているものや、判別困難なほどに変形したものなどがあるのは、その証左の一つであろう。

また、首長たちに配ったものは同笵鏡・仿製鏡であって、オリジナル（母型）はヒミコの遺骸とともに墓陵に納められたとも考えられる。奈良・黒塚古墳からは大量に発掘されたゆえ、この被葬者はヒミコにかなり近い者であるだろうが、それでもここにはオリジナルは含まれていないのではないかと私は推測している。オリジナルは決して誰にも与えていないだろう。それは「親魏倭王」の保証であるのだから。もし受け継いだ者があるとすれば、ヒミコの後継者である壹與《いよ》（臺與《とよ》）にのみその資格があるが、そうだとしても壹與が何者か第三者に分け与えることは考えられない。後に、天皇が神器を誰にも分け与えないのと同じである。

②について。

倭の女王ヒミコに授けるために特別にデザイン・製作したものなので、中国にないのは当然といえる。しかし、絵柄の「要素」はすべて中国起源のものである。「天王日月」の文字が刻印されたものもあるが、「天王」とは北極星のことで、つまり「北極星・太陽・月」という意味だ。これは道教の理念に基づくもので、権威の最高位を象徴するものであるだろう。

③について。

魏の明帝崩御が景初三年一月であるが、日本側で複製を製作する際に、改元の情報がまだ届かず（連絡方法は限られているので、かなりの日数がかかるのは言うまでもない）、そのままカウントして仿製鏡を製作したとも考えられる。

また、鏡作りの職人が元号や漢字を完全に理解しないまま製作されたものも少なくないと思われる。

たとえばはるか後世の古伊万里（江戸期の染付有田焼）には裏面に「大明成化年製」と書かれたものが大量にあるが、実際には「明国製」でもなければ「成化の年間製」でもない。もともと中国の景徳鎮窯で意図的に古い年号を銘款として用いて、価値あるものの如く装うやり方があって、それを真似たものであろう。

古伊万里では「大明成／化年製」と二行で当初書かれていたが、後には「化年製」と一行のみ記されるものも増えた。これは製陶職人が文字の意味がわからなくなり、「成化」という年号から来ていることもわからず、一種の〝絵柄〟〝模様〟として扱ったゆえであるだろう。三角縁神獣鏡のオリジナル以外のすべてが日本国内で製造されたもので、にもかかわらず魏の元号が刻印されていたり、なおかつ誤って用いられていたりするのはそういう事情であろうと私は考えている。

いずれにしても、わが国で刻印したものに違いなく、魏の元号に拘泥するのは魏帝の権威を利用したいからに他ならない。それは三角縁神獣鏡の活用法として当然の成り行きである。

――以上のように「疑問点」は、もはや疑問点ではない。三角縁神獣鏡こそは「ヒミコの鏡」であると結論する所以である。

■それは舶載鏡か仿製鏡か

三角縁神獣鏡は「ヒミコの鏡」であると結論した。ということは、それはすなわち「アマテラスの鏡」である。

ヒミコ＝アマテラスであることは、これまで自著で繰り返し述べてきているので、ここでは要点のみ述べておく。ヒミコとは「ヒメ・ミコ」と聞いた漢人が「ヒミコ」と聞き取ったもので、すなわち「女王」を意味する古代日本の一般名詞である。その当時の女王の固有名は「オオヒルメ（大日孁）」であった（詳細は拙著『ヒルコ』他を参照）。

すなわち魏から「銅鏡一〇〇枚」を贈られたのは、ヤマト国の女王・アマテラス（オオヒルメ）である。

では、アマテラスがニギハヤヒとニニギに授けた〈鏡〉は三角縁神獣鏡であったのか。もしそうなら、十種神宝の〈鏡〉も、三種の神器の〈鏡〉も三角縁神獣鏡であったということになる。

結論から言うと、どちらもそうではない。「別の鏡」だ。「神器」となる資格は、魏帝から贈られたものである必要はないのだ。それどころかむしろ、魏からの到来物であってはならないとさえ言えるのだ。

すでに紹介したように、籠神社の神宝である息津鏡と辺津鏡はいずれも漢鏡である。つまり、三角縁神獣鏡よりさらに古い。

▼息津鏡は「内行花文鏡」後漢時代（紀元一世紀後半頃）直径一七・五センチメートル
▼辺津鏡は「蓮弧文昭明鏡」前漢時代（紀元前一世紀頃）直径九・五センチメートル

籠神社の伝承によれば、これがそのまま「ニギハヤヒの鏡」ということになる。それが事実かどうかはさておくとしても、より古い、ということは、より可能性が高い、ということである。

とくに注目すべきは息津鏡の絵柄である。「内行花文鏡」という絵柄は、三角縁神獣鏡が道教思想であるのと比べると、思想性、哲学性が良くも悪しくも希薄である。一般に、「花を象った幾何学紋様」とされている。——しかしこれが「アマテラスの鏡」の根拠にはむしろ寄与することとなる。

五〇〇面に及ぶ三角縁神獣鏡にも様々な〝差異〟があるとすでに述べたが、出来不出来にも明らかな個体差がある。

舶載鏡（外国から渡来した鏡）は精密であるが、仿製鏡（模倣製作した鏡）は精密度において劣るものが少なくない。また同笵鏡（同じ鋳型から鋳造された鏡）であっても、一面ずつ製作されるため、その時の材質や担当技術者によっても個体差がある。

とくに絵柄は、意味不明のものが少なからずある。たとえば写真（四五頁）の三角縁神獣鏡は奈良・黒塚古墳で発掘された三三面の一つであるが、何の絵柄かおわかりになるだろうか。人物の上半身らしき絵柄が四体あるのは比較的わかりやすいが、それ以外の絵柄が「霊獣」であるとは一見しただけではまずわからないだろう。

一種のデフォルメであろう。ただし意図的ではなく、図らずもデフォルメされたということであろう。船載鏡以外のものに、現代のわれわれには理解できないような絵柄が多いのはそのためである（裏返せば、理解不能の絵柄の鏡は仿製鏡か和鏡とも考えられるということになる）。漢字の意味がわからずに紋様として扱った例を先に紹介したが、絵柄も同様である。とくに「霊獣」は、想像上の生き物であるから、〝現物見本〟がない。似せて描いたつもりでも、肝心なディテールが失われていることはよくあることだ。

少なからぬ三角縁神獣鏡が「雰囲気」は共通しているものの、絵柄の特定ができないのだ。とくに後年になればなるほど、精密性は技術の向上によって漢鏡や魏鏡に優るとも劣らないレベルに達するが、絵柄はますます判別不能になり、さながら複雑な地紋のようになって行く。これは他のすべての銅鏡に共通する現象でもある。

三角縁神獣鏡は道教の思想によって構成されていると右に述べた。

三角縁神獣鏡が「東王父と西王母」を最高神として描くならば、ヤマト国の〈鏡〉は「アマテラス」でなければならない。

三角縁神獣鏡が「霊獣（四神獣など）」によってこの世を治めるならば、ヤマト国の〈鏡〉

は「太陽の恵み」によって治めると明示しなければならない。すなわち「太陽鏡」であることが「アマテラスの鏡」であり、同時に「八咫鏡」たる条件なのだ。
あらためて確認しておこう。「アマテラスの鏡」たるべき条件は三つ考えられる。機能、造形、絵柄である。

①機能について。
単にものを映すというだけでは不十分。「太陽の恵み」に直結する機能でなければならない。

②造形について。
他のあらゆる鏡と比べて圧倒的に優位となる造形でなければならない。

③絵柄について。
「太陽」をシンボライズするものであること。ただし、丸ければ良いということではない。

この三つの条件を満たす鏡こそは「アマテラスの鏡」となるだろう。すなわちそれが「八咫鏡」である。

まず①について。
神鏡は凸面鏡であるとの証言、あるいは考証もあるやに聞いているが、私はそれを採らない。凹面鏡でなければ、理屈に合わないからだ。

後々になって凸面鏡が用意補充されたにしても、少なくとも当初の姿は凹面鏡でなければならないのだ。そうでなければ「アマテラス＝太陽神」を映したという根源の意味が成り立たない。太陽光を反射させて火をおこす機能こそが、八咫鏡の基本条件である。

もし複製の八咫鏡が凸面鏡になっているとすれば、それは後世の無知の為せるものだろう。ただそれだけのことに過ぎない。
②について。
八咫鏡の「咫」は尺とも記すが「アタ」と読み、上代の長さの単位だ。一アタが手のひら一つ分。また「八」はわが国では古来「多」「大」を表す。八百八町しかり、八俣《やまた》の大蛇《おろち》も八百万《やおよろず》の神々も同様である。

つまり八咫鏡といえば巨大な鏡という意味になる。他のあらゆる鏡と比べて圧倒的な大きさであるのが八咫鏡だ。

「序」で紹介したように、平家滅亡の際に神鏡は「船上御座所」にあって無事だった。それは大きくて重いために、二位尼が抱えることがかなわなかったとも考えられる。

そして③については、ある〝事件〟を紹介しよう。

■世紀の大発見、平原遺跡

昭和四十（一九六五）年、福岡県糸島市の農家で畑地を掘り返していたところ、銅鏡の破片が大量に出てきた。その報告を受けた福岡県は考古学者・原田大六を責任者として発掘調査をおこなう。その結果、驚くべき遺物が発見されることとなる。

遺跡は方形周溝墓三基と、円形周溝墓二基、これを総称して平原《ひらばる》遺跡という。弥生時代後期の遺跡と認定。

このうちの一号墓の副葬品に銅鏡の破片が多数あり、これを復元したところ中国製・日本製ともども計四〇面に上ることが判明。その中の最大のものは直径実に四六・五センチメートルという巨大なもので、「日本製の大型内行花文鏡」であった。しかもこれだけで五面を数える（破片の一部しかないものも含む）。発掘された鏡の総面数も最多であるばかりか、そのうちの五面は大きさもこれまでにない最大のものであったのだ。

多数の鏡に対して、副葬されていた剣は、わずかに一本のみ。素環頭大刀《そかんとうたち》である。

責任者の原田大六は、多数の鏡に対して剣は一本のみという構成から、この墓に埋葬された人物を女性の王とし、タマヨリヒメ＝大日孁貴（天照大神）であろうと推定した。

また、この大型内行花文鏡こそは、伊勢神宮に奉安される八咫鏡と同形ではないかと推定した。ということは、この地、怡土《いと》郡・糸島市などの「イト」地域こそは『魏志』の「倭人伝」に見える「伊都国」であって、それは「ヤマタイ国」の中心地であると言うに等しい。

なお、一号墓出土品は、後に（二〇〇六年）一括して国宝に指定された。

▼同出土品一覧

鏡

大型内行花文鏡――五面（仿製鏡）
内行花文鏡――二面（舶載鏡一、仿製鏡一）
方格規矩鏡――三二面（舶載鏡）
四螭文鏡――一面（舶載鏡）

飾物

ガラス製勾玉――三個
メノウ製管玉――一二個
耳珠――三個
ガラス管玉　一括（多数）
ガラス小玉　一括（多数）
ガラス連玉　一括（多数）
ガラス丸玉　一括（多数）

刃物

素環頭大刀（鉄製）――一振
鉄鏃――一〇個
鉄やりがんな――一本

鉄のみ――一本
鉄斧――一本

右の一覧を見てわかるように、この墓の副葬品は「三種の神器」と同様の分類によっている。すなわち鏡と玉と剣である。ここに埋葬された人物が「王」であり、この地が「国」であったことを推定させるに充分な遺物であると言えるだろう。

■平原遺跡は伊都国の王墓か

伊都国は『魏志』の「倭人伝」にこう記されている。

「東南へ陸行すること五百里。伊都国に至る。官を爾支《じき》と曰い副を泄謨觚《せつもこ》・柄渠觚《へいきよこ》と曰う。千余戸あり。世々に王あるも、皆女王国に統属す。」

「倭人伝」記載の伊都国に比定されるのは旧・怡土《いと》郡、現在の福岡県福岡市西区、同県糸島市、同県前原市（現在は糸島市に併合）等になる。これは定説となっている。

しかしそうなると問題がある。

平原遺跡は農民が掘り起こすまで単なる平地であった。そこには古墳のたたずまいもなければ、神社もなく、原始信仰の対象となる地形も風景もない。このような地勢に王墓や宮都が造られることはありえないのだ。

とくに注目すべきは、巨大な内行花文鏡である。中国・後漢、および日本の弥生から古墳時代に製造された。

なお、出土した銅鏡四〇面は、すべて破砕されていた。

また、出土品の一つである内行花文鏡（復元）は、直径が四六・五センチメートルあり、現在までに日本国内で発見発掘されたものの中で最大である。

漢鏡の一つである「内行花文鏡」の絵柄を踏襲して「太陽鏡」としてアレンジし、漢鏡にもない大型鏡とした。独自の思想を表現した独自の絵柄を、国内で製作したということであるだろう。原型は、籠神社の神宝・息津鏡かもしれない。

この際立った巨大さゆえに神器たる資格があるということだ。当時の技術ではこれ以上の大きさの銅鏡を製作するのは難しいとされ、またそれ以上のものが見出されていないことから、少なくとも八咫鏡と同レベルのものであろうと推定できる。

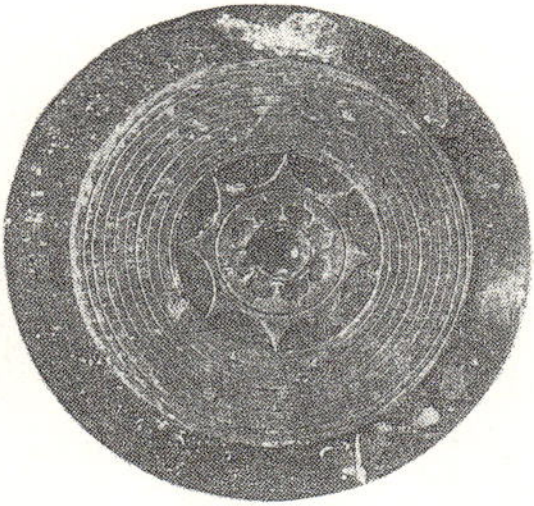
内行花文鏡（直径 46.5cm。平原遺跡出土）

そして神器というものは、簡単に複製が造れるようなものでは最高権威の保証にはならない。また、容易に入手できるようでも当然保証にはならない。文字通り稀有な一品であればこそ、神器たる資格があるというものだ。

しかしこの地がヤマタイ国であるとすると問題がある。この地域には神社は境内社も含めて一四〇社余鎮座しているが、由来を古墳時代まで遡る古社は限られている。つまり歴史の中に忘れ去られた場所であって、それはそれだけの場所にすぎないのだ。中国のようにダイナミックな王朝交替があるとそれも起こり得るが、日本の場合には痕跡が必ず残る。とくに古社、あるいはそれに相当する霊地は忘れ去られるようなことはない。神奈備《かんなび》、磐境《いわさか》、磐座《いわくら》、神籬《ひもろぎ》などの信仰の拠点は、少々大げさに言うならば縄文時代から不変である。

しかし平原遺跡から出土した鏡はきわめて貴重なものだ。遺物を一括して国宝に認定したのも、ひとえに鏡ゆえであろう。これだけをもって本遺跡を卑弥呼の陵墓と推定し、一帯をヤマタイ国とするには無理があるが、これらの事実は被葬者が特別な人物であったことを示唆しているし、またこの地が何らかの特別な意味を持たされていることも確かであろう。

■金印「漢委奴国王」の国

「伊都国」について、もう少し説明を加えておこう。

そもそも「日本」という国号には一四〇〇年ほどの歴史があるが、当初は日本と書いて「ヤマト」と読んだ。

その嚆矢《こうし》は聖徳太子ということになっている。太子が隋の煬帝《ようだい》に送った国書はあまりにも有名だ。

「日出ずる処の天子　書を日没する処の天子に致す　つつがなきや」

この時、この国は初めて自己卑下するような朝貢外交を止め、それにともなって「日本」という表記を用いたとされている。「日の本の国」という思想だ。

それでは、それまで用いられていた国号の表記は何かといえば「倭」であった。これで「ワ」とも読み「ヤマト」とも読んだ。

元々漢字は輸入文字で、我が国には発音だけがあった。それを表記するのに当て字をおこなったのが万葉仮名であり訓読みである。しかし当初は当然ながら、どの漢字が相応しいのか、私たちヤマト人には皆目わからない。私たちヤマト人が漢字を理解するようになるのにはもう少し時間がかかる。

だから元々あった「ヤマト」の音に、初めて「邪馬台」を充てたのも「倭」を充てたのも漢である。「邪馬台」も「倭」も、漢王朝の国書である『漢書』の中の「地理誌」に初めて登場し、続いて魏王朝の国書で有名な『魏志』の中の「倭人伝」に登場する。

「漢委奴国王」金印印影

漢王朝や魏王朝は、これらの国書の中で、辺境の国々・民族に「漢字」を充てた。朝貢使節に対して、漢の属国となった証しに「漢字」と「印璽」とを与えたのだ。

とくに漢字には思想が込められていた。漢民族が自ら創始した「漢字」こそが最高の文字であるとのいわゆる「中華思想」から、朝貢する辺境の国々の言語に恣意的に漢字を充てはめた。しかも、自分たち用には貴字や尊字を用いながら、朝貢する者には卑字を与えたのだ。中華思想とは、そういう思想である。

その結果、「ヤマト」には初め「邪馬臺（壹）」という字が与えられた。その女王には「卑弥呼」という字を充てた。すなわち「邪《よこしま》」な国の「卑《いや》」しい女王という訳である。

その後、王朝が漢から魏に替わって、また新たな漢字が与えられた。今度は「倭」という字が「ヤマト」用に充てられた。この漢字は「したがうさま」「みにくい」という意味である（諸橋轍次『大漢和辞典』）。

「荻生徂徠は倭の字を用いることを好まず、つねに和の字を用いた」（白川静『字訓』より）という。

ちなみに、志賀島で発見されたかの有名な「金印」には「漢委奴国王」と刻まれているが、これは実は「漢の委奴《いと》国王」と読む。伊都国（糸島・怡土郡）のことである。朝貢した伊都国に対して、漢王朝は漢の属国である「委（ちいさくて、みにくい）奴（めしつかい）」という卑字を与えたのだ。

当時、アジアには多くの国が乱立していた。その中の有力国のいくつかは同様に漢へ朝貢して卑字を与えられている。中国の周辺国では、烏丸《うがん》（ツングース族系）・鮮卑《せんぴ》（モンゴル族系）・匈奴《きょうど》（フン族系）などが知られているが、邪馬台・倭もその一つである。

しかし日本人が、卑字を卑字であると理解・認識するのは、公式には七二〇年の『日本書紀』編纂まで待たなければならない。

■破砕された鏡の謎

ところで、平原遺跡の「破砕された大量の鏡」は何を意味するのか。この謎を解かずして、平原遺跡の真相には迫れない。

当時、鏡は舶載の宝物であった。また、これを象って日本で造られた仿製鏡も、同じように貴重な宝物であった。それも単なる高価な珍品というのではなく、祭祀に用いる祭器であって、その取り扱いにも厳格な掟があったに違いない。

さてそれでは、こういった意味・意義を付与された鏡を、王侯貴族が埋葬される際に共に埋納するのであれば、その行為にはどのような意味合いが考えられるだろう。

愛用の遺品として埋納するのは現代人たる私たちの常識だが、古代の王侯貴族にもそれが通用するだろうか。

まったくないとは言わないが、古墳の副葬品はその多くは当人ではなく埋葬する側の都合で選ばれている。すなわち鎮魂であり慰霊である。

ところが平原遺跡の鏡は、その多くが粉々に砕かれている。しかも自然に割れたというようなものではなく、かなり意図的に破砕されている。これを鎮魂や慰霊と理解する者はいないだろう。

もしわれわれが、仮に総理大臣の秘書官だとして、総理が亡くなられた時、総理の愛用品や記念品をどのように納棺するだろうか。よもや粉々に砕いて納めるようなことはないだろう。むしろ、より丁寧に取り扱って、そっと添えるに違いない。私もきっとそうするだろう。わざわざ破壊して納棺するようなことはないだろう。もしそのようなことをするならば、死者を冒涜するものだと周囲から罵倒されるだろうし、もしかすると総理に憎悪や敵意を抱いているのかと疑われるやもしれない。それほどに悪意のこもった行為であるだろう。

つまり、平原遺跡の破砕された鏡は、埋葬された人物への悪意によると考えるのが当然であろう。しかも鏡は単なる愛用品ではなく、祭器であろう。つまり、まつりごとに用いられた神器である。

それを破砕して亡骸とともに埋葬するということは、その治世の否定、存在そのものの否定ではないだろうか。

■神器「第一位」の由来とは

話を元に戻そう。現在の宮中賢所《かしこどころ》・内々陣の配置は吉田兼倶が決めたものだと冒頭で紹介した。

兼倶は宮中祭祀に最も深く関わる者として、唐櫃の中も確認しただろう。その上で一ノ御座と二ノ御座の配置を決めたはずだ。

それ以前がはたしてどのような配置であったのか知るよすがもないが、「兼倶が決めた」ということは、それ以前は別の配置であったということである。

並列か、逆位置か、いずれかしかない。

そして位置を決めるためには櫃の中に納まる御神宝を知らなければならない。確認した上で、配置をこのように変えたはずである。

そもそも神器の原点は、八咫鏡にあるのだ。

邇邇藝命が降臨する時に、天照大神は皇統の証しとして三種の神器を持たせた。そして言った。

「この鏡は、もはらわが魂《みたま》として、わが前《みまえ》に拝《いつ》くがごとく、いつき奉《まつ》れ」（『古事記』神代巻）

――この鏡をこそ、私だと思って祀りなさい。

天照大神は、天孫・邇邇藝命にこう命じたのだ。

この伝承に基づいて、天皇と神器は「同床共殿《どうしょうきょうでん》」するものとされた。つまり、一つの宮殿の中で、常に共に居て、みずからそれを祀るということである。繰り返すが、天照大神が「同床共殿」せよと天孫に命じたのは「鏡」である。他のなにものでもない。

しかし現在、天皇が常に共にあるのは曲玉と剣（分身）である。

鏡は賢所に鎮座しており、不動である。御所の内に運ばれるようなことはないし、他のいかなるところへも移動されない（すでに述べたように実際には三度京都へ渡っている。明治天皇即位、大正天皇即位、昭和天皇即位の際に京都の御所へ遷御した。東京へ遷都してからも、天皇即位礼は京都の御所にておこなうこととなっていた。しかし戦後の典範改正によって、即位礼はすべて東京の皇居にておこなわれることとなったため、今後はそれもおこなわれることはない）。

皇位継承の儀式においては宮殿において「剣璽渡御」の儀をおこなうが、これは「剣」と「璽」である。璽とは玉璽のことで、すなわち曲玉である（中国では印璽すなわち国王印であったが、日本では曲玉をいう）。先代の天皇が常に共にあった剣と玉璽とを継承する儀式によって、正式に皇位を継承したことになる。これが践祚《せんそ》である。

私は剣璽渡御についてはかねてから疑問を呈していた。天皇の行幸には、どこへ行くにも「剣璽」を携行する決まりである。専用のケースに納めて侍従が携行する。それによって、天皇のいるところが宮居となるのだ。

しかしこれは本来の「同床共殿」と明らかに異なる。皇祖・天照大神の言葉に従うのであれば、剣璽ではなく、鏡とのみ共に居なければならない。天照大神は「鏡を私と思って祀れ」と命じたのだ。他の神器について特別な指示はない。ところがすでに第十代・崇神天皇の時に八咫鏡を恐れて、宮の外に遷されている。

現在、伊勢の神宮に祀られている鏡は、古くは宮中で天皇と同床共殿で祀られていたものだ。しかし崇神天皇の代に疫病が蔓延してきわめて多くの民が死に、反乱も相次いだ。こういった事態を憂いた崇神天皇は、天啓を受けて、宮居の外に祀ることとした。

――このように『日本書紀』に記されている。

これが、八咫鏡が天皇と同床共殿されなくなった始まりである。以後、現在の今上天皇に至るまで百十五代もの長きにわたって同床共殿していない。その後は「分身」を造って宮中賢所（温明殿《うんめいでん》）に祀っている。

崇神天皇は、同床共殿しているから祟りを為した、と考えたのだろうか。そうだとすれば、以後歴代の天皇もそれを追認しているということになる。

そもそも祟りとは何か。凶事凶変を怨霊・祟り神などの力に因すると考えることである。怨霊や祟り神を信ずるか否かはともかくとして、人がそう考えれば、そうなる。要は、人の心の問題なのだ。

そして「祟りの歴史」には、その時代の人々が「祟り」と考えた理由や原因がある。なんの謂われもなく突然に怨霊や祟り神が現れるのではなくて、人々の心の内に思い当たる何かがあるのだ。すなわち崇神帝が祟りだと考えたのは、祟られる理由が思い当たるからだ。

崇神天皇は「八咫鏡は天皇を守らない。そればかりか、祟る」と判断した。

天武天皇は「草薙剣は天皇を守らない。そればかりか、祟る」と判断した。

草薙剣は理解できるだろう。ヤマタノオロチが何であるかはともかくとしても、その出自・由来からして祟り神あるいは怨霊神であって不思議はない。慰霊鎮魂しなければ、どれほどの災いをもたらしても当然の来歴だ。だから宮居の外へ出すだけの根拠がある。

――これについては次章であらためて詳しく述べる。

しかし八咫鏡は、皇祖アマテラスの御霊代・形代である。その子孫たる天皇に祟るのは理屈に合わない。にもかかわらず、アマテラスが崇神天皇やその臣民に祟っていると天皇自身が考えたのだ。そしてはるか遠方の伊勢に運ばせる。当時、伊勢は「常世《とこよ》の国」と考えられていた。海の彼方のあの世であり、常に夜の国である。なんと不可解な行動であろうか。

〈鏡〉は宮中を出て後、最終的に五十鈴川上流の現在地に落ち着くこととなり、以後、伊勢の地を動いたことはない。

そして、歴代天皇は皇位にある間は伊勢を詣でることを一切しなかった。

明治天皇が歴史上初めて伊勢内宮を参詣した天皇である。

繰り返すが、明治天皇以前には、伊勢内宮を参詣した天皇は皆無である（皇太子や上皇は参詣している）。

皇位継承の証しとして三種の神器という制度が整ったのは第四十代・天武天皇の時であるが、八咫鏡の分身は御所に安置されていて、大嘗祭その他の重要祭祀はそのもとにおこなわれてきたのだが、幾たびか火災に遭って破損し、その都度補充されている。ただ、補充された分身が当初のように相似形の複製か否かはわからない。ただ、破損した鏡もそのまま賢所に奉斎されている。

――これが〝神器第一位〟である〈鏡〉の処遇である。

この事実関係から何が読み取れるだろう。

もしかすると、八咫鏡を御霊代とするアマテラス神は皇祖ではないということになりはしないだろうか。しかも、歴代の天皇はそれを承知していたのではないか。この事実関係からは、そんな疑問さえ浮かんでくるのではないか。――次章以降で、他の二種の神器について見極めながら〈鏡〉の秘密もさらに解き明かそう。

第二章　草薙剣　天皇への祟りから、英雄の佩刀へ。変貌する流転の秘宝

■熱田神宮の〝実見〟記録

熱田神宮に御神体として奉斎される神器・草薙剣には、〝実見〟記録がいくつかある。そのうちの代表的なものが「玉籤集《ぎょくせんしゅう》裏書」というものだ。『玉籤集』は、垂加神道の教本。編著者は梅宮《うめのみや》大社神職の玉木正英（一六七一〜一七三六年）。一七二六年成立。「裏書」の存在は、『神器考証』（明治三十一年刊）で栗田寛が紹介して世に知られることとなった。

以下に紹介しよう。

「この御劒の制作寸尺などは、是《これ》まで世人の云《いえ》るものも、書記《かきしる》しつるものも無《なか》りしを、吉田家に蔵《おさめ》る玉籤集と云ふ書の裏書に、（この裏書をかける年月詳《つまびら》かならず、）八十年許《ばかり》前、熱田大宮司社家四五人と志を合せ、密々に御神體《ごしんたい》を窺《うかがい》奉る、土用殿に御劒御鎮座、渡殿は劒宮にも同様なる御璽の箱在坐《まします》也、御璽の箱、御戸口の方に副て、

在坐《ましまし》けると也、扨《さて》内陣に入るに、雲霧立塞《たちふさが》りて、物の文《あや》も不見《みえず》、故各扇にて雲霧を拂《はら》ひ出し、隠し火にて窺《うかがいたてまつ》奉るに、御璽は長五尺許《ばかり》の木の御箱也、其内に石の御箱あり、箱と箱との間を赤土にて能《よく》つめたり、石の御箱の内に、樟木《くすのき》の丸木を、箱の如く、内をくりて、内に黄金を延敷《のべしき》、其上に御神體《ごしんたい》御鎮座《ごちんざ》也、石の御箱と、樟木の箱との間も赤土にてつめたり、御箱毎《ごと》に錠《じょう》あり、皆一鎰《かぎ》にて開《ひらく》、開様《ひらきよう》は大宮司の秘傳と云ふ、御神體は長さ二尺七八寸許り、刃先は菖蒲の葉なりにして、中程はムクリと厚みあり、本の方六寸許りは、節立て魚等の脊骨の如し、色は全體白しと云ふ、大宮司窺奉る事、神慮に不叶《かなわざる》にや、不慮のことにて、流罪せらる、其餘も重病悪病にて亡び、其内一人幸いに免れて此の事を相傳せり、云云、右の傳松岡正直より予に傳ふる所也、
　とあるは、いと珍しければ、此に書加へつ、此《この》正直と云《いう》人は上文に幸いに一人免れたりと云人なるべければ、此の人の事を正さば、其年暦も知らるへきものぞ、」（『神器考証』より／原文は「近代デジタルライブラリー」収蔵／ふりがなと傍線は筆者）

　以下は意訳。

「熱田の大宮司は、社家の者数人と語り合って密かに御神体を見た。内陣に入ったところ、雲のような霧が立ちこめていてほとんど見えないので、扇で払い出して、隠し火によって見たところ、長さ約五尺の木箱があった。その中に石の箱があり、箱と箱の間に赤土がつめられており、石の箱の中には樟木の丸木をくりぬいた箱があり、内側に黄金

が敷き延べられていて、その上に御神体は鎮座していた。それらの箱ごとに錠が付いていて、開け方は大宮司の秘伝という。

御神体は、長さが二尺七〜八寸（八一〜八四センチメートル）、刃先は菖蒲の葉のような形をしており、中ほどはムクリと厚みがあって、柄のほう六寸（一八センチメートル）は節立っていて魚の背骨のようであった。色は全体的に白いという。大宮司が御神体を見たことは神の意にそぐわなかったのか、思いも掛けないことで流罪となり、その他の者も重い病や悪い病によって死ぬこととなったが、そのうち一人だけ幸いにも死をのがれた者がこの事を伝えたものである。その者、松岡正直より私に伝えられたものだ。」

この証言が正しければ、両刃《もろは》の白銅剣であろう。しかもかなりの長剣である。

草薙剣の「姿」は、現在ではこれが定説のようになっている。異説を唱えるにしても、これがベースになって、せいぜい長さの議論や柄の造作の議論、また目測の正確性の議論がなされている程度である。そういう意味では、この「裏書」はかなり信用されている。

それにしても「玉籤集裏書」は、まるでエジプトの王家の墓の呪い伝説のようで、さながら見ようと思わせないための作為であるかのようだ。見た者は呪われて死ぬぞ、と脅している。しかも、保存状態から剣そのものの姿まで克明に描写して、これで見る必要もないだろう、と示唆しているのだ。なかなか巧妙な文脈であるが、物理的に警備が困難である時に用いる古典的な手法である。

そもそも「見た者は死ぬ」のであるならば、見た上に、なおかつこれを伝えた松岡某こそは真っ先に死ななければならないはずで、肝心の情報をしっかり伝えるまで生きていたのは自家撞着というものだろう。

また、これを書き記した「予」なる某も（『玉籤集』の著者とは別だろう）、見ただけで死んで行った人たちよりもはるかに重罪ということになるのではないか。しかし「予」自身は松岡正直の証言を「いと珍しければ」と記しているところをみると、どうやら必ずしも信じているわけでもなさそうだ。

▼梅宮大社（通称・梅の宮神社）京都府京都市右京区梅津フケノ川町30
【祭神】酒解神　酒解子神　大若子神　小若子神　（配祀）嵯峨天皇　仁明天皇　橘清友　橘嘉智子
▼熱田神宮（通称・熱田さん）愛知県名古屋市熱田区神宮1－1－1
【祭神】熱田大神　（配祀）天照大神　素盞嗚尊　日本武尊　宮簀媛命　建稲種命

熱田の実見記録は、他に尾張連家に伝えられるものと、終戦時のものなどあるが、共通するのは「銅剣」らしきことと「取っ手に節がある」こと、ただサイズはまちまちで、最大約八〇センチメートルから、六〇センチメートル、五四センチメートル、短剣などと一致しない。ただいずれも一瞬の目測ないしは推測であるから、あまり厳密に追究してみてもたいした意味はないだろう。

■鹿島神宮の十握剣

熱田の御神体がヤマタノオロチの体内から取り出された剣であるならば、そのオロチを退治した「十握剣《とつかのつるぎ》」はどこにどうしているだろう。

茨城県鹿嶋市に鎮座する古社・鹿島神宮は中臣鎌足《なかとみのかまたり》を始祖とする藤原氏の氏神であるが、ここに、須佐之男命がオロチ退治に使ったという「十握剣」が展示されている。しかもこちらは誰でも拝観できる。

展示ケースに納まっているそれは、なんと二七一センチメートルもの長さの直刀で、茨城県で唯一の国宝に指定されている。読者の方々にもぜひ一目見ることをお奨めしたい。実に瞠目に値する刀剣である。

いうまでもないことなのだが、十握剣は「勝者の剣」であり、草薙剣（天叢雲剣《あめのむらくものつるぎ》）は「敗者の剣」である。もしも剣の神威にあやかろうというならば、祀るべきは「勝者の剣」であって「敗者の剣」ではないだろう。にもかかわらず、敗者の剣が「究極の宝剣」として崇め奉られているのだ。

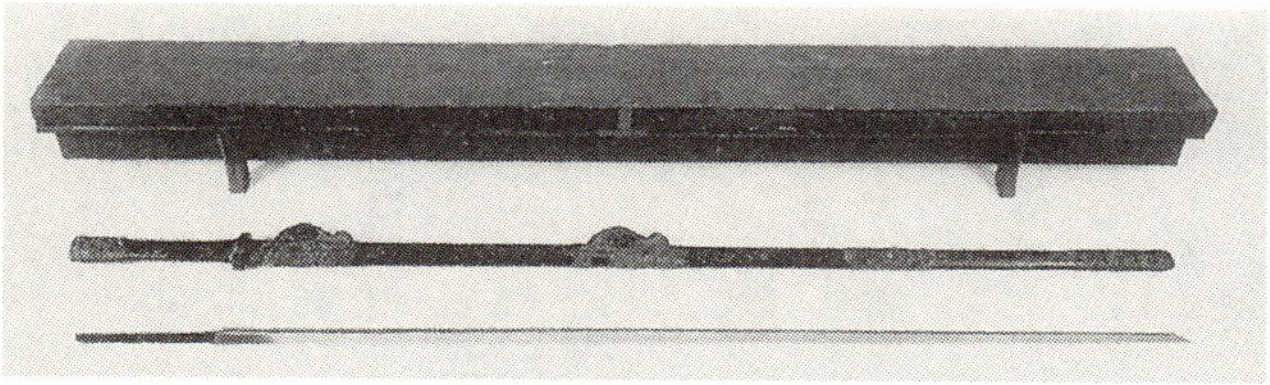

鹿島神宮の宝剣・十握剣

十握剣に擬せられる剣は他にもあるので、鹿島神宮のものがオリジナルか否かは誰にもわからない。しかし少なくとも、工芸品としても第一級のものであるのは国宝として指定されていることで明らかだ。神剣・神宝等々として遇されるものは、工芸的にも一級品であるのは当然である。

それにしても、十握剣がなにゆえにここ鹿島神宮の神宝となっているのか。ご存知のように、ここは藤原氏の氏神である。十握剣が本物であるならば、論理的には藤原氏がスサノヲ神の子孫ということになる。否、本物でないとしても、これは藤原氏がみずから「われらはスサノヲ神の子孫である」と誇示しているに等しいだろう。

奈良時代このかた、日本の実質的な支配者であるとも言われる藤原氏。わが国で最も栄えた氏族である。その原点は始祖・中臣鎌足が中大兄皇子《なかのおおえのおうじ》に取り入って大化改新で活躍したことに始まる。

天智八（六六九）年に藤原姓を賜り、以後天皇の外戚ともなり、一族で朝廷の上層部を占有し続ける。近衛、九条、一条、冷泉なども藤原から派生した一族である。氏神社として春日大社を造営し、平城京における神道祭祀をも独占した。

始祖・鎌足は常陸鹿島の出自で、鹿島神宮がもともとの氏神であるところから、その神宝の十握剣は、大化改新で鎌足が用いた剣ではないかというまことしやかな説もある。

しかし、鹿島はずいぶん都からは遠い。鎌足は大化改新で突然歴史の表舞台に登場するが、辺境の地・鹿島を中央につなげる糸がまったく見当たらない。それでも想像を逞しくしてこの説に準じてみるなら、この長剣が蘇我入鹿《そがのいるか》の首を刎《は》ねたものなのだということになる。そして鎌足が、氏神にその報告とともに奉納したかもしれない。もしそうならヤマタノオロチは蘇我入鹿、または蘇我氏ということになる。鎌足をスサノヲに擬《なぞら》えたのは、その子・不比等の企みであろうか。

▼鹿島神宮　茨城県鹿嶋市宮中2306-1

【祭神】武甕槌神

鹿島神宮の〈剣〉が十握剣かどうかはともかくとしても、神剣・宝剣として決して無関係ではないだろうという証左がある。

写真の〈剣〉をご覧いただきたい。これは伊勢神宮の宝物「玉纏御太刀《たままきのおんたち》」である。

「式年遷宮というと、一般には建物の造営が中心だと思われるだろう。だが、衣服や調度品といった、神々の御料品《ごりょうひん》の約２５００点が、平安時代の『儀式帳』の規定のままに、当代最高の美術工芸家によって、新しく調製・奉納されている。

御料品を通して古代の文化と技術を現代に伝えることが、日本の技術伝承にどんな貢献をしたかはあまり知られていないようだ。（略）

中でも特にきらびやかなのは、玉纏御太刀《たままきのおんたち》である。琥珀《こはく》、瑠璃《るり》、瑪瑙《めのう》、水晶など約４５０丸の玉をはめ込んだこの太刀は、同様のものが奈良県の藤ノ木古墳から出土したことで有名になった。

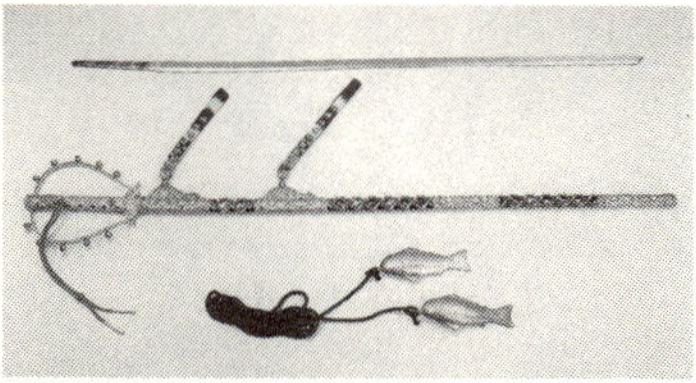
玉纏御太刀（神宮支庁）

藤ノ木古墳の築造時期は、６世紀後半といわれる。それと神宮に調進された玉纏御太刀とは約１００年しか年代に差がないから、式年遷宮の制度が出来た頃（６９０年）の、最も華麗な太刀ごしらえであったわけだ。それが１０００年以上も作り伝えられて、現在も神宮の神宝だけに、途絶えることなく生き続けているのだから驚きである。」（「１０００年の技を伝える　御装束と神宝」矢野憲一、より）

鹿島の宝剣と玉纏御太刀――この相似形は、偶然ではないだろう。

■オオモノヌシ

あらためて宝剣の由来を確認してみよう。ここにも地祇《くにつかみ》が深く関わっている。スサノヲの佩刀《はいとう》・十握剣《とつかのつるぎ》は「勝者の剣」であり、ヤマタノオロチの体内刀・天叢雲剣は「敗者の剣」である。「敗者」は怨霊神・御霊神《ごりょうしん》となって、畏敬を込めて手篤く祀《まつ》れば強力な守護神となる。さもなければ、祟る。

それではこの場合の「敗者」とは誰か。これを象徴的に体現する者の佩刀こそが、天叢雲剣ということになる。ヤマタノオロチを「部族連合」の比喩でとらえると、その首長の剣ということになる。連合体の中心地は大和であろう。とすれば首長は当然オオクニヌシであり、天叢雲剣とはオオクニヌシの佩刀である。

オオクニヌシの霊威が出雲へ遷《うつ》されて封印され、その後を引き継いだのは大物《オオモノ》主大神《ヌシノオオカミ》である。オオモノヌシは、オオクニヌシの佩刀をみずからのものとして引き継いだ。その神剣こそが、天叢雲剣であろう。

大物主大神は、大神神社《おおみわじんじゃ》の祭神として祀られている。

▼大神神社《おおみわじんじゃ》（通称・三輪明神／三輪さん）奈良県桜井市三輪1422

【祭神】大物主大神　（配祀）大己貴神《オオナムヂノオオカミ》　少彦名神《スクナヒコナノカミ》

オオモノヌシには伝説が多い。

神武天皇の皇后は媛蹈鞴五十鈴媛《ひめたたらいすずひめ》（伊須気余理比売《いすけよりひめ》）であるが、オオモノヌシの女《むすめ》である（コトシロヌシの女《むすめ》とも）。伝説では、オオモノヌシは丹塗りの矢に姿を変えて流れを下り、用足し中の勢夜陀多良比売《せやだたらひめ》の女陰《ほと》を突いて懐妊させる。そして生まれたのが神武妃となる。

また、いわゆる「箸墓《はしはか》伝説」では、倭迹迹日百襲姫《やまとととひももそひめ》は夫のオオモノヌシが夜しか姿を見せないので訝ると、小さな蛇となって姿を現す。これに驚いて叫んだために、オオモノヌシは恥じて三諸山《みもろやま》（三輪山）へ登ってしまう。倭迹迹日百襲姫は悔やんで箸で女陰を突いて死んでしまう。このため埋葬された墓を箸墓と呼んだ。

記・紀の崇神《すじん》天皇の条には、災厄が多いので占ったところ、オオモノヌシの祟りであって、その子孫である大田田根子《おおたたねこ》に祀らせよとの神託があり、祀らせて鎮まった。これが現在に続く大神神社である。

他にもあるが、伝説の多様さは、それだけ深く多様な関係が存在したということを示唆する。ただ、とくに注目すべきは崇神天皇がオオモノヌシの祟りを鎮めるために大神神社として祀らせたというものであろう。この崇り神の依り代こそが天叢雲剣である。大神神社・オオモノヌシは国家の守護神となるが、同時に祟りなす強力な神である。

剣は、武力の象徴であるため、戦いの痕跡があれば、それに由来する剣が必ず存在することになる。そのために、剣を神体あるいは神宝として奉斎する神社は少なくない。

しかしこれから間もなく後に、この剣は、崇神天皇の勅命によって、鏡と共に宮居の外に遷されることになる。

■草薙剣は何を保証するか

『風土記』は、記・紀・万葉に匹敵する貴重な〝歴史書〟であり記録である。

そしてその貴重な情報の中には思いがけないものもある。

たとえば『播磨国風土記』に宇治天皇と記されるのは、応神天皇の皇子・菟道稚郎子《うじのわかいらつこ》のことだ。他の史書では天皇とはされていないし、もちろん歴代天皇にもカウントされていない。しかし本書には、はっきり〝天皇〟と書かれている。

これと同様の例が『常陸国風土記』にもある。ここに記されているのは「倭武天皇」である。倭武はヤマトタケルと訓む。

ヤマトタケル（日本武尊、倭建命）が天皇になったという記録は他の史書・記録にはもちろんまったく存在しない。さらに歴代天皇にカウントされていないのは言うまでもない。しかし『常陸国風土記』の記述では皇位に就いたとされるのだ。

しかも「倭武天皇」には、宇治天皇とは次元の異なる重大な意味がある。

宇治天皇については〝誤認〟で片付けることは可能である。というのもただ宇治天皇と記されるばかりで、それを補完するような情報・記述がまったくないからだ。

しかし倭武天皇については、実は「裏付け」が存在するのだ。しかもその「裏付け」は、他の歴史書にも明記されているものだ。

ヤマトタケルの事績は、あまりにも有名だ。

ヤマトタケルは、その父・景行天皇より、熊襲《くまそ》を討ち、戻る間もなく今度は東夷の征討を命じられた。

この時、なぜか本来のルートから大きく外れて伊勢神宮へとおもむき、そこで叔母の倭姫命《やまとひめのみこと》から天叢雲剣《あめのむらくものつるぎ》（当然ながら、この時点ではまだ草薙剣という呼び名になっていない）を授けられ、それを携えて東国へ出征したと記されている。

誰もが知るこのくだりは、三種の神器の一つである草薙剣の由来を伝えるものであって、重要なものだ。読者の方々も、ご承知のエピソードと思う。


ここでもし、ヤマトタケルが受け取るという手続きがなかったと考えてみよう。そうすると、剣は熱田へ行かない。つまり、鏡と共に伊勢神宮にそのまま鎮座していたことだろう。

そして剣の名も草薙剣になることはなく、天叢雲剣のままということになる。

しかし剣は、ヤマトタケルの佩刀として東国へ向かい、草薙剣になった。

あえて言うが、このエピソードは、決して読み流してはならない。この記述には、二つの重大な意味・事実が示されているのだ。

一つは、三種の神器のうち八咫鏡と天叢雲剣が、それまで伊勢神宮にあったこと。

もう一つは、倭姫命によって天叢雲剣がヤマトタケルに授与された、ということ。

この二つの事実が示す意味は、重い。


まず第一の事柄について解き明かそう。

第十代・崇神天皇の時、八咫鏡と天叢雲剣が祟りを為したので、皇居の外に祀ることとした。奉仕したのは皇女・豊鍬入姫命《とよすきのいりひめのみこと》である。

その後、奉仕の役目は豊鍬入姫命から倭姫命へと引き継がれる。

倭姫命は、第十一代垂仁天皇の第四皇女。二種の神器にふさわしい鎮座地を求めて遷御をおこない、最終的に伊勢の地に御鎮座となる。

これがいわゆる伊勢神宮である。正しくは皇大神宮（内宮）と豊受大神宮（外宮）。両宮を併せて神宮とのみ称するのが正式である。

そして倭姫命は初代の斎宮《さいくう》となった。つまり伊勢神宮のトップであり、天皇の名代であり、国家の宗教的権威の象徴である。


さてそれでは、その初代斎宮が奉仕する神は、何者であろうか。もともと宮中で祀られていて、天皇の宗教的権威を保証する神であり、皇女が伊勢斎王（斎宮）として奉仕して鎮めなければならないほどの畏るべき神威の神とは何者か。

八咫鏡は、皇祖神アマテラスの御霊代・依り代である。

そして天叢雲剣は、はたしていかなる神の御霊代・依り代か。

いずれにせよ、伊勢神宮創建の際には、まぎれもなくこの二柱の神が祀られていたのだから、この「二神」に奉仕していたということである。

三種の神器の一つである草薙剣は、現在ではスサノヲの依り代ということになっている。

しかし由来を考えると、十握剣《とつかのつるぎ》がスサノヲの依り代であれば合点が行くが、草薙剣（天叢雲剣）だとすると理屈に合わない。

スサノヲがヤマタノオロチを退治した際に、その尾から出て来たとしているが、それならばオロチ退治を成し遂げた十握剣こそがスサノヲの依り代として祀られるべきであるだろう。

スサノヲの佩刀《はいとう》・十握剣は「勝者の剣」であり、ヤマタノオロチの体内刀・天叢雲剣は「敗者の剣」である。だからこそ天叢雲剣は怨霊神となって祟りを為した。敗者が祟るのであって、勝者のスサノヲが祟る謂われはないだろう。

つまり、天叢雲剣は別の誰かの依り代である。

崇神天皇は、剣の祟りを鎮めるために大神神社《おおみわ》を祀った。

その大神神社の祭神は誰か。

【祭神】 大物主大神 （配祀） 大己貴神 少彦名神

すなわち、天叢雲剣はオオモノヌシの依り代以外にはありえないということだ。つまり、祟り神はオオモノヌシである。

■祟り神・オオモノヌシ

それではオオモノヌシとは何者か。

「最古の神社」といわれる大神神社は、実は祭祀形態としても古式をとどめていて、多くの神社とは異なっている。普通に参拝しただけではわかりにくいが、拝殿はあるものの、その奥に本殿はない。拝殿の奥はそのまま三輪山であって、三輪山そのものが御神体である。そして三輪山は、オオモノヌシの墓、御陵であるだろう。

『古事記』では、オオクニヌシが三諸山《みもろやま》（三輪山）へオオモノヌシを祀ったとしているが、ヤマトを去ることになるオオクニヌシが、自らの霊威を引き継がせるために三輪の王としてのお墨付きを与えるための関連づけであるだろう。

そしてオオモノヌシの正体・実体について、「オオクニヌシの異称」や「オオクニヌシの幸魂奇魂《さきみたまくしみたま》」などとも記されているが、もともと別の神であるため、いずれも宗教的権威を継承する神であることを示す意図だろう。

そもそも出雲の長であるオオクニヌシが、オロチの長と同一では対立関係になりようがない。オオモノヌシは、オオクニヌシでもオオナムヂでもなく、まったく別の神だ。

すでに紹介したが、記・紀の崇神《すじん》天皇の条には、災厄が多いので占ったところオオモノヌシの祟りであって、その子孫である大田田根子《おおたたねこ》に祀らせよとの神託があり、祀らせて鎮まった。これが現在に続く大神神社である。

そしてこの祟り神の依り代こそが天叢雲剣である。大神神社・オオモノヌシは祟りなす強力な神であったが、天皇によって手篤く祀られたことにより国家の守護神となった。そしてその依り代は、三種の神器の一つとして、皇位継承の証しともなったのだ。

しかし、なぜ天叢雲剣がオオモノヌシの依り代なのか。

このことには重大な意味がある。

すなわち、ヤマタノオロチはオオモノヌシであったということになるのだ。

あるいは、ヤマタノオロチに体現される賊衆の長がオオモノヌシであったとも解釈できる。

オオクニヌシやオオナムヂがオオモノヌシと同体であるという説は、オオモノヌシが天叢雲剣を継承したと理解すれば説明がつく。

三種の神器の一つである天叢雲剣は、斎宮・倭姫命からヤマトタケルに授けられた。

これは、まぎれもない皇位継承の儀式である。

無事に帰還すれば、次期天皇としての玉座が待っているはずであったのだ。

■韴霊剣《フツシミタマノツルギ》は〝内反り〟

『日本書紀』には、十握剣は石上神宮に納められた、と記されている。

石上神宮の布都斯魂大神《フツシミタマノオオカミ》がそれである。

剣は、スサノヲからアマテラスに献上され、アマテラスからニニギに授けられて、天孫降臨に際して携えられた。

以後は宮中において代々祀られるが、第十代・崇神天皇の時に、八咫鏡とともに外に祀ることとなったのは、すでに紹介した通りである。

▼石上神宮《いそのかみじんぐう》　奈良県天理市布留町３８４
【祭神】布都御魂大神《フツノミタマノオオカミ》（配祀）布留御魂大神《フルノミタマノオオカミ》　布都斯魂大神　宇麻志麻治命　五十《イ》瓊敷命《ニシキノミコト》　白河天皇　市川臣命《イチカワノオミノミコト》

布都御魂＝韴霊剣《ふつのみたまのつるぎ》とは、証言によれば、内反りの剣であるという。

布留山《ふるやま》の麓の禁足地に埋納されていた韴霊剣は、明治七（一八七四）年、大宮司であった菅政友《かんまさとも》によって掘り出され、本殿に御神体として奉安された。その際に、刀工に依頼して複製（写真）も造られた。

またこの時、小宮司であったのが、後に文人画家として有名になる富岡鉄斎《とみおかてっさい》である。まだ三十代であったが、すでに万巻の書を読み、古今の学問に造詣深く、さらに書画をよくした。そして彼は、境内の榊の木を用いて、木製の写しを製作している。さしずめ「鉄斎の木彫」ということになる。美術工芸的価値もあるので、ぜひ展示していただきたいものだ。

これらの発掘図、複製、木刀からわかるが、韴霊剣はまぎれもなく〝内反り〟である。日本刀は一般に刃を外に背を内に反らせているが、韴霊剣はこれとは逆に刃を内にして湾曲させたものである。つまりは「鎌」や「斧」のタイプである。柄頭に環頭の付いた形状で、全長約八五センチメートルという。

柳の葉のような形状の韴霊剣

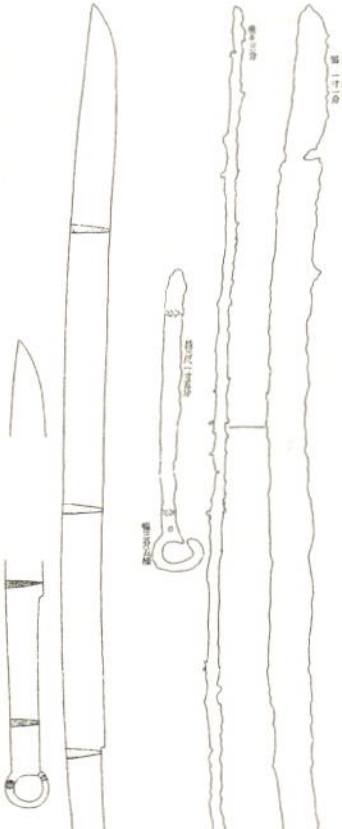

石上神宮禁足地より発掘された神剣の図

内反りの剣は、実戦では役に立たないとする意見もある。武器としての鎌はその形状から突く、切る、といった攻撃が薙刀《なぎなた》などの一部の長柄以外できないこと、薙ぐ場合も手前に引く動作が必要となるために、手の届く距離の半分程度しか有効間合いにならないこと、突き立てるように使う場合も射程が致命的に短いことが欠点としてあげられる。日常の道具として生まれた鎌や斧では戦闘のためだけに特化した剣や槍には勝てないとされる。

正倉院御物に「刀子《とうす》」というものがある。小型のナイフといった形状で、内反りであるが、文具であったとされている。つまり内反りの刃物は、農機具や文房具であって、武器としてはきわめて珍しいということだ。

ただ、別の用途であれば問題はない。

神倉神社の御燈祭《おとうまつり》で、松明を担いだ男たちを先導する神倉聖は斧《おの》を掲げて統括する。斧こそは、刃物の中でも数少ない「内反り・内湾曲」である。かつて、高倉下《たかくらじ》が韴霊剣を振りかざしたなごりなのか、それともこちらが起源なのかはわからないが、この一致は重要な示唆である。

なお、『先代旧事本紀』には、布都御魂は経津主神の神魂であると記される。

経津主神を祭神とする神社は全国に二二〇〇社余鎮座するが、その大半は春日・香取であって、本来のものではない。経津主神は、本来それを氏神とする物部が隠したために中臣に奪われ、かえって隆盛することとなったのは皮肉なことだ。

なお、七支刀を石上神宮の御神体・御祭神と勘違いしている人が少なくないが、単なる献上品の一つにすぎない。当時、日本へ朝貢していた百済が様々なものを天皇へ献上していたが、そのうちの一つである。中国製の七支刀に銘文を金象嵌して献上したものだ。最盛期の石上の収蔵庫には一〇〇〇口以上の刀剣が納められていたというが、この規模は「国家の武器庫」と同義である。

布都御魂大神（または石上大神）を祭神とする神社は九九社。いずれも石上神宮からの分祀である。

ただ、これらとは別に、社名に掲げる神社がある。

▼石上布都魂神社《いそのかみふつみたま》（通称・お神社様）岡山県赤磐市石上字風呂谷1448

【祭神】素盞嗚尊

式内社であり、備前国一宮である。祭神は素盞嗚尊となっているが、もともとは社号の通り布都御魂とされる。しかし由来では、十握剣を祀ったのが創祀であるとされ、剣は崇神天皇の御代に石上神宮へ遷されたという。その伝承は当社にも、また石上にも伝わっているところから、十握剣の由来には整合があり、霊位は布都斯魂＝素盞嗚尊であるだろう。

しかしもとは、韴霊剣も十握剣もともに霊位は布都御魂であったのやもしれない。「ふつ」とは単に刃物のことであって、「ふつのみたま」は「剣の霊位」ほどの意味である。すなわち神霊剣であれば、いずれも布都御魂である。十握剣は、石上に祀られる際に韴霊剣の霊位と区別するために布都斯魂と称されたとも考えられる。

■石上鎮座の真相

氏神・布都御魂大神とともに、また布都斯魂大神ともに配祀神として祀られる布留御魂大神とは何者か。

『扶桑略記』は、それを「天璽瑞宝十種《あまつしるしみずたからとくさ》に籠る霊威」としている。

「配祀神・布留御魂大神は天璽瑞宝十種に籠る霊妙なる御霊威にます。瑞宝十種は、謂ゆる瀛津鏡一つ、辺津鏡一つ、八握劒一つ、生玉一つ、足玉一つ、死反玉一つ、道反玉一つ、蛇比礼一つ、蜂比礼一つ、品物比礼一つ、にして神代の昔饒速日命が天降り給う時、天つ神の詔をもって、『若し痛む処あらば、茲の十宝をして、一二三四五六七八九十と謂いて、布瑠部由良由良止布瑠部。此く為さば、死人も生き反えらん』と教え諭して授け給いし霊威高き神宝なり。」（表記は『略記』のまま）

しかし、そうであるならば、巷間行方不明とされているこれら十種神宝は、石上神宮に納められていなければならないことになる。

確かにそれをうかがわせる、あるいは示唆する事象のないことはない。

すなわち「十種祓詞」であり、「石上鎮魂祭祀」である。

祓詞は、十種神宝をすべて数え上げて、なおかつそれにともなう呪言を唱える。しかもその祓詞を奏上することと独自の鎮魂祭祀が一体となっている。

そして『略記』にも、「その御子、宇摩志麻治命は神宝を天皇に奉り、永く宮中に奉斎せられたが、崇神天皇の御代に師霊と共に石上布留の高庭に鎮り給うた」とある。

桓武天皇の御代に（延暦二十三年）、石上神宮の剣（兵仗）を山城国葛野にすべて移した。移動要員は実に延べ十五万七千人にも及んだという。しかし新たに納めた倉が倒れ、さらに兵庫寮に移したところ、天皇が病に倒れ、怪異が次々に起きたという。

そこで石上神宮に勅使を派遣し、女巫に命じて降神させたところ、布都御魂大神ではなく布留御魂大神が女巫に憑依して一晩中怒り狂った。そのため、天皇は自分の歳の数と同じ人数の六十九人の僧侶に読経させた上で、神宝を戻したという（『日本後紀』巻十二）。

またこの年は、たびたび地震が起きている。

この経緯記録から判明するのは、ニギハヤヒの子・ウマシマジが神宝を天皇に献上したので永く宮中にて奉斎されていたが、返ってきた、というものだ。

神宝とは「十種神宝」の中の何かであろうと読めるが、石上が朝廷の武器庫であることを思えば「八握剣」以外にありえない。

それがなぜ返ったかといえば、祟りをなしたので返されたということになるだろう。

そこで、石上では鎮魂祭祀をおこなう。奏上するのはニギハヤヒ由来の十種祓詞である。

「ふるへふるへゆらゆらとふるへ」との呪言は、布留御魂大神の由来である。

すなわち、布留御魂大神こそはニギハヤヒであって、その鎮魂こそが石上神宮の存在理由であることがわかる。「布都御魂大神＝韴霊剣」を主祭神として第一に掲げているのは偽装《カムフラージュ》であろう。本来は「布留御魂大神＝八握剣」こそが主祭神の第一である。

だからこそ、神奈備・神体山は「フル山（布留山）」であり、鎮魂は「タマフリ（魂振り）」であり、祓詞は「フルヘ（振るえ）」であろう。石上は、「フル（布留）」を鎮魂するために創建された社祀なのだ。主祭神の第一をフツノミタマとしたのは、目眩《めくら》ましである。

また、社号の「石上」は、さながら「磐座の上に築かれた社」を示唆するが、そういうタイプの社号というのは実はあまり現実的ではない。さしずめ滝下神社や山元神社、湖岸神社に相当するだろうが、辺境の小祠にはあっても、中央の大社ではありえないものだ。まして創建の経緯や時期がはっきりしている国策系の神社ではなおさらありえない。

「石上」という表記には、あえて無意味化を企図する政治的意向があったのではないだろうか。

つまり「石上」という表記には意味はなく、重要なのは、その訓み方「いそのかみ」である。

「いそのかみ」とは、「五十神《いそのかみ》」であろう。あるいは「伊曽神《いそのかみ》」。

すなわち五十《イ》猛《タケル》神《ノカミ》である。ニギハヤヒと名付けられたヤマトの初代王・五十猛である（詳細は拙著『ニギハヤヒ』参照）。

■草薙剣という名の尊厳

そもそも天叢雲剣という元の名を捨てて、草薙剣という新しい名としたのはなぜだろう。

記・紀神話や、熱田神宮その他の様々な伝承によれば、ヤマトタケルが危地を脱するために草を薙ぎ払ったという由来に基づくとされている。

ヤマトタケルの佩刀は天叢雲剣であったが、尊《みこと》の死後、熱田社において御霊代として祀る際に草薙剣という呼び名に変えたことになっている。つまり、熱田社を戴く尾張氏が、それをおこなったということであろう。

周知のように尾張氏は尾張国造家であるが、この後も熱田の社家として代々連綿と続き、壬申の乱においては大海人皇子を全面的に支援して天武天皇の実現に最も寄与した氏族である。古代から全国に勢力を広げてきた海人族の中心的氏族で、壬申の乱においては「鉄剣鉄刀」を大量に調達して、それが勝敗の帰趨を決したとされる。つまり、刀剣こそは、彼らの存在証明でもある。

その尾張氏は、ヤマトタケルの死後、佩刀・天叢雲剣を尾張の地にとどめ置き、朝廷に返上しなかった。

あまつさえ、草薙剣という新たな呼称を付けて、みずから祀ったということになる。それが尊の意志（遺志）であったからという理由で——。はたしてそんな〝勝手〟が許されるのだろうか。

ちなみに高崎正秀『神剣考』において、「クサナギ」は「霊蛇《くしなだ》」であるとの論考がなされている。民俗学的にもたいへん興味深い論考で、同説はかなり人口に膾炙している。私の恩師筋の先輩でもあるので敬意をもって検証させていただいたが、結論として私はこの説は採らない。

もし同説であるならば、当初からクサナギであってよいはずで、初め天叢雲剣であったものを後からわざわざこの名に変える必要がない（高崎は当初から「クサナギ」であったのではないかと推測しているが、そのような事実はない。クサナギが霊蛇だとすれば、そういうことになるはずだ、との逆論にすぎない。自分で立てた仮説は推論の前提にはならない)。

また、蛇《なだ》を「ナギ」と訛る必然もなく、そのままクシナダ剣と呼ばれるべきだろう。ただしそれは奇稲田《くしなだ》姫(櫛名田《くしなだ》比売)が霊蛇姫《くしなだ》であるという解釈に、なんら異論を唱えるものではない。


剣名の呼び変えについて、尾張氏の政治的位置を勘案してみよう。

尾張氏があくまでも「従属」的立場にあったとするなら、これは〝反逆〟になるだろう。天叢雲剣は皇子・ヤマトタケルに授けられたとはいえ、天皇家に伝わる聖なる器物=神器である。天皇家でも皇族でもない尾張氏に与えるわけにはいかない。まして尾張氏は渡来の海人族である。

呼称の変更をおこない、なおかつ返上せずにみずから祀るという点について、尾張氏が朝廷の許可を得ておこなったという記録はどこにもない。

これほどの重大事について、公式記録がないこと自体不自然であるが、それについての疑義が同時代の記・紀その他の記述にもないのは、さらに不可解なことだ。

もし勅許を得たのであれば、尾張氏にとっては公言して権威付けに利用するはずで、あるいはもし無断であるならば、少なくとも書紀はこれを非難してしかるべきだろう。

しかしいずれもないとなれば、答えは一つしかないだろう。

すなわち、勅許は不要であり、朝廷は非難する必要もない、のだ。

なぜならば、草薙剣は天叢雲剣ではないからだ。

そもそも新たに名付けるならば、もっと相応しい名がいくらでもあるだろう。名刀と言われる刀剣にはとくに号（名）が付けられるものだが、いずれも勇ましい号や神々しい号が多い。それらに比べると「草を薙ぐ剣」とは、なんとも優しい号だ。強そうでもなければ神聖感もない。

一般に、草を薙ぐのは「鎌《かま》」であろう。「草刈り鎌」という通例があるように。

しかし刀剣の本来の機能役割は、もちろん草を刈ることではない。

ところが、記・紀をいくら読み込んでも、〝神剣〟草薙剣は「草を薙ぎはらった」ことにしか使われていないのだ。ヤマトタケルは大活躍したことになっているが、その活躍に〝神剣〟は何の働きもしていない。つまり、これが草薙剣の能力なのである。

それならば、そういう機能の刃物だったのではないかと私は考えたのだが、いかがであろうか。

草薙剣とは「鎌刀」だったからこそ、この名になったのではないか。

ちなみに、一般にはあまり馴染みがないと思うが、草薙剣には都牟刈《つむがりの》大刀《たち》という別名もある。稲穂を「摘む」「刈る」という意味である。つまりこれもまた「鎌」を暗示している。

「名称」を軽んじてはなるまい。まずはその名称を素直に考えるのが至当というものだろう。玉も鏡も剣も、それぞれ独自の名が付いているのだ。訳あって名は付いているのであって、ここに最大の情報が集約されていると考えるべきだろう。ましてそれが「三種の神器」である。究極の宝物である。その名称が、便宜的であるとか、通称であるとか仮称であるとかいうならば、ご都合主義があまりに過ぎるというものだろう。神器の名称には必然があると考えるのが当然である。

そしてその名に相応しい刀剣が存在する。

■素環頭大刀

鉄製・内反りの素《そ》環頭《かんとう》大刀は、平原《ひらばる》遺跡（福岡県糸島市）や上町向原遺跡（同）、三津永田遺跡（佐賀県吉野ヶ里町）、岩滝円山古墳（京都府与謝郡）、積石塚（長野県長野市）など各地から出土している。

とくに東大寺山古墳（奈良県天理市）からは素環頭鉄刀二十本と鉄剣九本がまとまって出土しており、そのうちの少なくとも六本は内反りである。さらにそのうちの一本は、長さ一一〇センチメートルの大刀で、金象嵌の銘文二十四文字が刻まれている。

内反り素環頭大刀の基本形

「中平□□（年）五月丙午造作文（支）刀百練清剛上応星宿□□□□（下避不祥）」

年号とお決まりの吉祥文であるが、「中平」は後漢の霊帝の年号で、一八四〜一八九年を指す。すなわち同王朝から下賜されたものであろう。この当時（古墳時代前期）、すでに日本においても鉄刀は造られていたが、その鍛造技術も渡来のものであって、「中平銘刀」は後漢製だ。

素環頭大刀については今尾文昭氏（奈良県立橿原考古学研究所）による「素環頭鉄刀考」という優れた研究論文がある（同氏著『古墳文化の成立と社会』所収）。同研究では、素環頭の鉄製大刀および剣について、中国・朝鮮の事例と比較検証しつつ、日本の弥生時代と古墳時代の遺物（とくに発掘遺物）の素環頭鉄刀についてきわめて緻密なアプローチがなされている。

同研究によって判然するのは、朝鮮には内反り鉄剣の事例はほとんどなく、中国と日本の共通した特徴であるということだろう。

重要な示唆を含むので、以下に「反り具合」という一節を引用させていただく。

「保存状態、観察の相違で左右されやすい要素であるが、①内反り傾向を示すもの。②直刀傾向を示すものに区別できる。とくにいわゆる内反り刀は、従来から素環頭大刀の特徴とされてきたが、反り具合は個々に差異がある。刀全体が内反り傾向を示すもの、茎部分でその傾向が顕著になるもの、また朝田墳墓群四例中三例の素環頭刀子では、刀身がわずかに内反りでありながら、鋒部分では逆に外へと反る様子がよみとれる。個別的なあり方を示すが、特記すべきは弥生時代の素環頭大刀が前原上町、平原遺跡出土の二口を除くと、大方は内反り傾向を示す点である。
前期古墳出土の素環頭大刀も内反り傾向を示すものが多いが一方、直刀傾向を示すものもみられるようになる。たとえば奈良県谷畑古墳出土例は、全長一二五センチの長大な刀であるが、全体はほぼまっすぐな形状を示す。逆に中期古墳からの出土例で内反り傾向を示すのは、長野県フネ古墳や岡山県押入西古墳出土例が顕著であるほかは、ほとんどが反りのない直刀傾向のものとなる。このことは素環頭大刀のみに特化される変化ではなく、古墳時代鉄刀の一般的傾向を示すものと思われる。」

これらの研究成果から明らかになるのは、内反りの素環頭大刀は中国で製造されていたものが弥生期に日本にもたらされ、やがて日本でも造られるようになったが、古墳時代に入る頃から国産刀は直刀になって行き、やがて内反り素環頭大刀は造られなくなった、ということであろう。

■尾張氏はなぜ〈剣〉を返納しなかったか

ところで、天皇家の三種の神器の一つとして尊ばれた草薙剣を、なぜ尾張氏は保有し続け、朝廷に返上しなかったのか。また、朝廷も、尾張氏に対してなぜ返上せよと命じなかったのかを、さらに突き詰めてみよう。

記・紀をいくら読んでも、ヤマトタケルが草薙剣を熱田に置いて行く理由が見当たらない。それどころか、それまでの経緯を考えれば、ヤマトタケルは草薙剣を手放してはならないはずである。

倭姫命から授けられたからといって、以後自由勝手にしてよいということではないだろう。東征の守護剣として授けられたのであって、無事に任務を果たしたならば、最終的には宮中へ持ち帰らなければならないだろう。たとえわが身が斃れたとしても、草薙剣は戻さなければならない。もしヤマトタケルの遺言があるならば、なによりも第一に草薙剣を戻すよういい置いたはずである。

であるならばその答えは一つしかない。——すなわち、返す必要がなかったからだ。熱田の剣は、もともとの草薙剣ではないからだ。

また、すでに紹介したように、三種の神器のうちで草薙剣のみが「実見」記録が複数あり、それればかりか新羅《しらぎ》僧による「盗難」にまで遭っている。千数百年間で見ればわずかな回数であるが、八咫鏡本体や八坂瓊曲玉本体の処遇、あるいは運命に比べるといささか「畏敬」に欠けるきらいなしとはいえないだろう。そしてそれには、やはりそれだけの理由があるのだと私は考えている。

なお、ヤマタノオロチ退治の神話は、実は尾張氏の神話なのではなかったかと示唆しているのは稲田智宏氏だが（『三種の神器——謎めく天皇家の秘宝』）、じゅうぶんにあり得る話だ。もともと尾張氏に伝わる神話か、もしくは来歴創作のための新しき神話であるやもしれない。

それでも最終的に、また歴史的にも神器として認定されたのはまぎれもない事実である。認定されて、すでに千年余が経つ。朝廷によって認定され、なおかつこれだけの歴史を経たのであるから、これはすでにして神器・草薙剣である。もはや現物が何ものであるかを問わない。それはまぎれもなく天皇家の意志である。

■名称変更は不要か

しかし事実関係は明らかにしておかなければならない。

すでに述べたように、神器は国産でなければならないという宿命がある。したがって、草薙剣も日本国内で鍛造されたものでなければ神器の資格はない。

ところが熱田に伝わる実見記録から察すると、熱田の剣は渡来の銅剣（両刃）である。そしてこれを草薙剣としている。

繰り返すが、「渡来の銅剣」であり、それを「草薙剣」と呼んでいる。

しかし天叢雲剣は、出雲由来であるから「鉄製」であると思われる。「むらくも」は鍛造鉄刀に特有の刃紋であろう。スサノヲがこれを発見した時のくだりを思い出していただきたい。

「かれ、その中の尾を切りたまひし時に、御刀《みはかし》の刃《は》毀《か》けき。しかして、あやしと思ほし、御刀の前《さき》もちて刺し割きて見そこなはせば、都牟羽《つむは》の大刀《たち》あり。かれ、この大刀を取り、異《け》しき物と思ほして、天照大御神に白し上げたまひき。こは草なぎの大刀ぞ。」（『古事記』本文）

スサノヲがヤマタノオロチの尾を切ったら、スサノヲの刀の刃が欠けたというのだ。これは、スサノヲの佩刀よりも草薙剣のほうが硬度が高いと言っているわけである。単純に考えて、銅剣対鉄刀で打ち合えば、必ず銅剣の刃が欠ける。鋳造された銅剣と、鍛造された鉄刀では硬度がまるで違うからだ。

すなわち、天叢雲剣は鉄刀である。それもかなりの硬度を持つところから、出雲の玉鋼を日本式に鍛造したものであるだろう。繰り返し折りたたみ、打ち延ばして行く日本刀独特の鍛造による「千枚鋼《せんまいはがね》」という構造の刀剣こそは、天叢雲剣であるだろう。

そして鉄刀ならではの「叢雲」の刃紋があった。それを見出したスサノヲは「都牟羽《つむは》の大刀《たち》あり」と述べている。つまり「稲穂を刈り取るための大きな刃物」だと。つまり「鎌」に似た大刀、内反り鉄刀＝素環頭大刀のことであろう。

だから、スサノヲは「異《け》しき物と思ほして（珍しいものと思って）」アマテラスに献上するのだ。しかも「草なぎの大刀」と名付けて。――すなわち発見の段階から、草薙剣はすでに草薙剣と呼ばれていたはずである。名付け親は発見者・スサノヲであるだろう。

いずれにしても熱田の剣は草薙剣ではない。熱田の「渡来の銅剣」は、おそらくは尾張氏がもともと保有していた氏祖伝来の剣で、熱田社はそれを祀る氏神社であったのだろう。渡来氏族・尾張氏の祖先が大陸江南からはるばる持ち来たった「証し」なのではないか。

ちなみに、武家政権を初めて樹立した源頼朝は、母の実家である熱田神宮を崇敬していた。しかし頼朝は鎌倉に幕府を開いた際に、源氏の氏神として皇室系の石清水八幡宮を勧請し、鶴岡八幡宮を創建している。頼朝は、血縁のある熱田神宮をなぜ氏神としなかったのか。周知の基準に従えば、熱田の御神体は究極の刀剣である草薙剣であるのだから、武家の筆頭としての源氏にこれほど相応しい神はないだろうに。しかも母の実家である。――その理由を、「熱田神は尾張氏の氏神」であったからではないかと私は考えている。もともとのその神は、渡来氏族である尾張氏が信仰するものであって、天皇・皇室の神々の系譜とは別の系譜を持つものであったからではないだろうか。

■すべての「神剣」

草薙剣の姿を追い求めて行くと、これまで見てきたように三種の姿が浮かび上がる。

一、両刃の銅剣

一、内反り片刃の鉄製素環頭大刀
一、片刃直刀の鉄刀
（＊上古においては剣と太刀〔大刀〕の区別は厳格ではないため、呼び名は慣習に従っている。）


いずれも、紛れもなく「神剣」として存在している（いた）。

熱田社にはヤマトタケル来訪以前から銅剣が奉安されており、それは尾張氏の守り神であった。一度盗難に遭っているので、そのものかどうかはわからないが、後に天武天皇の御代に再びもたらされた「神剣」も銅剣であろう。これが現在の御神体である。

倭姫命からヤマトタケルに渡された「神剣」は、内反りの素環頭大刀であったろう。

そしてこの大刀は、石上神宮に納められた。後に禁足地から発掘された素環頭大刀は、師霊剣であり、草薙剣であろう。

安徳天皇とともに海中に沈んだのも、崇神天皇の御代に分身が造られて以来、宮中祭祀に用いられてきた「神剣」であったろう。そしてこれは、おそらく内反り片刃の鉄製素環頭大刀であろう。

その後、宮中では、祭祀用に清涼殿の剣を代用した。これは従来より護身剣として清涼殿に置かれていたもので、むろん「神剣」ではない。祭祀の形を整えるための代用に過ぎない。そのため、本来「剣・璽」となるべきところを「璽・剣」としていた。

安徳帝から三代後の順徳天皇即位の際に、伊勢より〈剣〉が奉られ、以後はこの〈剣〉が宮中の「神剣」「分身」となる。

この経緯が順徳天皇自身によって『禁秘抄』の「宝剣神璽」に記されている。

「御剣は、神代より三剣ある其の一也。」

また、その〈剣〉が海中に失われて（一一八五年）から二十四年後の「譲位」に際して、

「夢想により伊勢より之を進《たてまつ》りてよりこのかた」と順徳天皇みずからが記している。

新たな「分身の剣」は伊勢神宮から奉納させるよう〝夢想〟を得た、ということだ。

そしてその〈剣〉が宮中における三種の神器の〈剣〉とされ、再びこの時から〈剣〉が「先」になったというのだ。

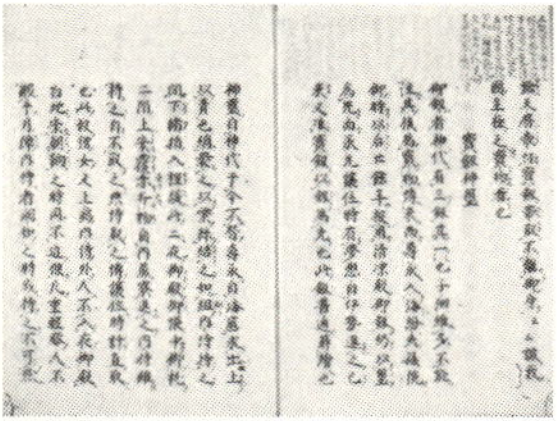
『禁秘抄』（順徳天皇著）の巻頭に記される「宝剣神璽」

しかし、なぜ「伊勢」なのであろうか。分身を献上させるのであれば論理的には「熱田」であるはずだが、順徳天皇は〝夢想〟にかこつけて伊勢から献上させている。また、神剣の姿形を重視するのであれば、石上神宮から献上させる方法もあったはずであるが、それもしなかった。

失われた「神剣」の代わりに伊勢からもたらされた新たな分身は、片刃直刀の玉纏御太刀か須賀利御太刀《すがりのおんたち》ではないかと

私は推測している。伊勢では、この複製を造る技術が代々受け継がれている。しかし、玉纏御太刀や須賀利御太刀に私が着目するのは、その豪華な装飾にではない。ともに共通する「片刃・直刀」という刀身の姿・造形に着目しているのだ。

それまでの素環頭大刀は草薙剣（天叢雲剣）の複製（姿を模した国産）であったから、この機に玉纏御太刀、すなわち完全和製の神剣に変更されたということであろう。内反りの素環頭大刀の原型は漢刀であるが、伊勢の直刀は完全な国産である。有職故実に造詣深い順徳天皇だからこそ、それを決断したものであるだろう。

したがって、それ以後現在に至るまで宮中の「神剣」は和製のオリジナルであり、熱田の「神剣」は尾張氏伝来の銅剣であろう。

宮中の〈剣〉について、寛政七（一七九五）年に興味深い〝証言〟が出されている。

尾張藩の藩祖（初代藩主）であった徳川義直（一六〇〇〜一六五〇）は、文武に優れた名君として知られるが、とくに尊皇思想に篤く、皇室の歴史や神事についても造詣が深かった。義直は歴史書『類聚日本紀』を編纂したことでも知られるが、『神祇宝典』の編纂も自選し（校合は死後、九代藩主宗睦による）、『神器図』を付している。そこには、御正躰、御玉、御剣の彩色画が描かれている。

当時、義直は格別の立場にあった。家康の九男であり、甥の家光が三代将軍となっても、義直のみは家光にたびたび苦言を呈している。家光にとってこの叔父は煙たい存在であったようだ。

義直は尾張藩主であったことから熱田神宮を庇護し、様々な支援をおこなっている。また、義直みずから名古屋城を蓬左城と名付けたが、これは蓬莱宮の左にある城という意味である。蓬莱とは古代道教の神話で神仙の住む霊地のことであるが、義直は熱田神宮を蓬莱宮と考えていた。

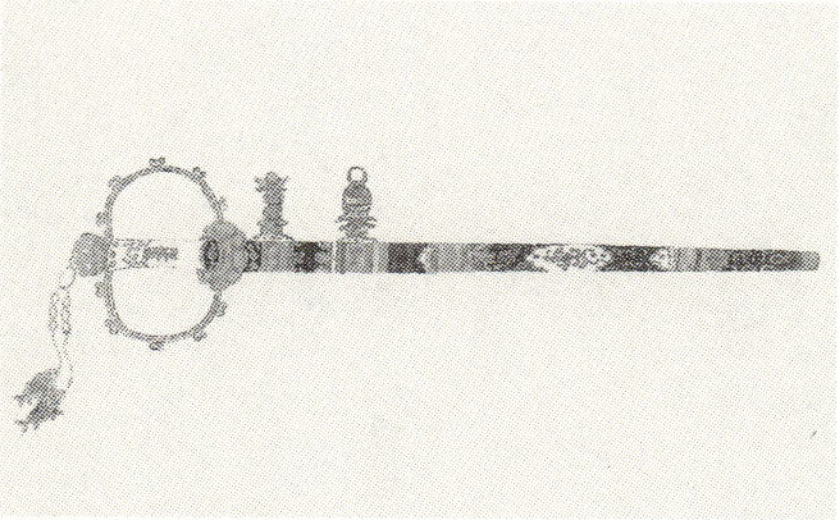
『神祇宝典』の御剣図

また義直は権大納言であり、尊皇に篤かったことから朝廷との関わりも深かった。

そのような立場にある義直が描かせたのが図の「御剣」である。これは、明らかに玉纏御太刀（あるいは同形同類の須賀利御太刀《すがりのおんたち》）である。

おそらく義直は熱田の御神体がいかなるものかをも承知していたはずで、にもかかわらず宮中の「神器の御剣」は玉纏御太刀であると示したのだ。順徳天皇以来の〈剣〉がいかなるものであるかを明かすこれ以上の「証言」はあるまい。

こうして一つ一つ検証してくるとわかるのは、〈剣〉

の姿は一通りではないということだ。少なくとも「三種類」そして「四体」ある。

私は、これらのいずれもが草薙剣であるのだろうと考えている。

そしてそれぞれは別の場所に奉安されている。

一、両刃《もろは》の銅剣　——→熱田神宮（古来、現在）
一、内反り片刃の鉄製素環頭大刀——→石上神宮（古来、現在）
一、〃　——→宮中から壇ノ浦海中へ
（古来、一一八五年水没）
一、片刃直刀の鉄刀　——→伊勢神宮から宮中へ（一二一〇年より現在）

このように、草薙剣は歴史的には四口存在した。それぞれの伝承や証言に異同があって一貫しないのはそのためである。これが、「草薙剣の真相」である。

記・紀に初めて登場する三種の神器は、玉・鏡・剣の順である。この順位は、重要度をも示していると考えられる。剣が最下位であるのは、このような理由あってのことなのだ。それは、剣璽御動座において〈剣〉が先であることにも「理由」があるように。

その「理由」については次章で述べよう。

■幻となった「尾張神宮法案」

ところで熱田社は唯一無二の神器本体を祀る神社である。そういう意味では伊勢・皇大神宮と同格であるとも言える。八咫鏡と草薙剣では確かに位置付けに差がありはするが、他に比較するものとてない「神器の本体」を祀る神社という意味ではともに特別の存在であることに違いはない。少なくとも、伊勢の神宮が特別扱いされるように、熱田も他のすべての神社とは別の「特別」な扱いが求められて不思議ではない。

しかしながら、熱田社は明治元（一八六八）年六月に「神宮」号を宣下されるまで、単に熱田神社と号していた。

また、社殿も現在の神明造りとはまったく異なるもので、明治二十二（一八八九）年に神明造りで造営されるまでは、尾張地方に特有の「尾張造り」という様式であった。

尾張造りとは「前方から順に門、蕃塀、拝殿、祭文殿、釣渡廊、本殿と続き、祭文殿の両脇から回廊がでて本殿を取り囲むという境内の構成を示す。尾張地方の大社はほぼこの形式にならい、中小の社

明治五年の熱田神宮

大正から昭和初期の熱田神宮

もこれを簡略化したものが多い。」(『神道事典』)

明治五年の写真のように、平安時代の貴族の邸宅である寝殿造りを彷彿させるかのような優雅な造りであったが、明治二十二年に伊勢の神宮と同じ直線的な神明造りに造り替えられた。

熱田の当時の宮司、角田忠行の働きかけで、伊勢の神宮に倣って、式年遷宮と神明造りによる社殿造営という熱田神宮改造計画を申請し、内務大臣・西郷従道、宮内大臣・土方久元により認可されたものである。

そして実はこの時に、新たな「勅令案」が内務省案として内務大臣によって閣議に上げられていた。いわゆる「尾張神宮法案」である。正確には「熱田神宮改正の件」および「尾張神宮職員改正の件」である。詳細は省くが、要するに伊勢神宮とまったく同じにしようというものである。

右に述べたように、熱田社にはすでに神宮号が宣下されていたが、さらに新たな社格制度によって、最高位の官幣大社となっていた。しかし伊勢神宮は、さらにその上に位する。

そこで、新たな勅令案は、「官幣大社熱田神宮」を単に「尾張神宮」とのみ称する(尾張皇大神宮という案もあった)というものであった。そして伊勢と同様に内務省直轄とし、他の管理・処遇も伊勢と同様にするというものであった。

しかし、「尾張神宮」案は直前に修正されて、官幣大社は外して「熱田神宮」として伊勢神宮の次に列するという内容に変更されて閣議に提出。――ところが、これに同意したのは枢密院議長・大木喬任のみであったのだ。これによって、熱田神宮改正の件は「従前の通」となり、この勅令案は廃案となった。なんとも不可解な経緯である。

「とちゅう、伊勢側の有力な反対にあい、ことに祭主朝彦親王は明治天皇に謁見して強硬な反対の進言をするなど……」（篠田康雄『熱田神宮』）という経緯もあったようだが、それならば勅令案の作成にまで至らないのではないか。内務大臣の了解のもとに勅令案まで作成したということは、他の勅令の成立過程から考えてすでに了解事項とみなしてよい。手続き上は、閣議に掛けて、天皇の勅裁を得て後に成立するのであるが、「内務省案」が提出された時点で、勅令はもはや事実上決定である。

しかし閣議で否決された。しかも、たった一名のみ同意で、他の全員が否決という圧倒的決議であったのだ。これはもはや「上の声」があったと考えるのが自然だろう。最終決裁者である天皇が、みずから却下したのだ。天皇は、熱田が伊勢とは同格になり得ないことを知っていたのだと、僭越ながら忖度《そんたく》申し上げるほかはないだろう。

第三章　八坂瓊曲玉　唯一、宮中にとどまり続ける究極の秘宝

■勾玉の美は「命の形」か

小林秀雄は昭和四十（一九六五）年に、わが母校・國學院大学にておこなわれた宣長についての講演の中で「勾玉」について述べている。小林は骨董古美術の優れた目利きであり、また高度な蒐集者としても知られているが、この時には「勾玉」を集めるようになって数年経つとのことであった。

「原稿書くときでもいつもそばに置いている。いいものは向こうからこっちを見ている。」

そして調べてみると、「勾玉というものがどういうものか、ほとんど何もわかっていない」ということがわかったという。

「命というものが初めて形になるとああいう格好になるのではないかと思う。」

小林秀雄の審美眼は、勾玉を「命の形」ととらえたのだ。

「あの姿は世界中にない。一部朝鮮にあるが、日本から行ったんだろうと思われる。あ

あいう姿の玉を造って愛したというのは日本人しかない。」

蓋し小林のいうように、日本人が造り出した、日本にしかない独特の形である。その形についての説は多種様々であるが、独自で特異な形が日本人の民族性となんらかの関係があることは間違いないだろう。ほかにも前方後円墳という鍵穴様の形をした巨大古墳は日本のみに三五〇〇基も存在し、独特の反りと波紋をもつ日本刀も日本のみで大量に鍛造されてきた。どうやら日本人には、独自で特異な造形を生み出し、かつ好む体質が古来備わっているようだ。

たまさか白川静が勾玉について次のように述べている。

「……勾玉はわが国に独自の形態のもので、縄文時代からすでに用いられ、霊の機能を象徴するものとされた。」（『字訓』）

白川は勾玉を、小林のいう「命の形」からさらに踏み込んだ「霊の機能を象徴」ととらえているが、この指摘は重要だ。霊魂の形を表す時に、日本では古くから巴型としている。いわゆる「人魂《ひとだま》」である。球体の霊魂が宙を飛ぶ際に尾を引く姿がそうだとされている。

■「まがたま」の表記

ところで「まがたま」は現在一般に「勾玉」と記すが、初出である記・紀では、その表記は用いられない。

『古事記』は「勾璁《まがたま》」と表記し、『日本書紀』は「曲玉《まがたま》」と表記する。

いずれも「まがった玉」を意味するが、本書では神名を初めとする表記について、基本的に『日本書紀』を採用するとの観点から「曲玉」表記を採る。

なぜ『古事記』でなく『日本書紀』の表記を採るのかは、すでに第一章に記したが、さらに具体的に述べておくと、国名の「ヤマト」を「倭」と表記するのをやめて、「日本」と表記するようになったことに準じている。

ヤマトタケルノミコトの事例を見てみよう。

『古事記』では「倭建命《ヤマトタケルノミコト》」と書かれている。——七一二年成立

『日本書紀』では「日本武尊《ヤマトタケルノミコト》」と書かれる。——七二〇年成立

つまり〈倭〉から〈日本〉への表記のチェンジがこの期間におこなわれたということになる。この「八年間」の間に私たちの認識は転換したのだ。そしてこの時に、「日本」と書いて「ヤマト」と訓ずることが公式に決定された。

だから「日本書紀」というタイトルそのものも、元来は「ヤマト云々」と読んだはずである。同一の国書の中で同じ単語で異なる読みをするはずはないからだ。もし表題を「ニホンショキ」と読むならば、理屈から言って御名の読みも「ニホンタケルノミコト」

でなければ筋が通らないことになるだろう。しかしもちろんそんなことはない。

しかし漢字の「日本」が一人歩きするようになると、当然のことだが、漢民族は「日本」という文字を「ヤマト」と読むことはできない。漢字本来の発音に存在しないわけだから当然であろう。

「日本」は、漢語ではそのまま「音読み」された。その結果が、現在私たちにお馴染みの「ニッポン」である。

漢音ではジッ・ホン、呉音ではニチ・ホン。それぞれが自然に転訛して一つはジッパン、もう一つはニッポンと発音されるようになったと思われる。

そして、漢音のほうはマルコ・ポーロの『東方見聞録』に黄金の国Zipanguとして紹介され、呉音は我が国に逆輸入されてニッポンになった。

Zipanguは、日本国《ジパング》の発音だったと思われるが、国《グ》が取れて、以後ドイツのJapan《ヤーパン》、フランスのJapon《ジャポン》、イギリスのJapan《ジャパン》などという変化をして西へ西へと伝わって行く。言語の伝播というのはこういうものだ。

——という次第で、表記については私は『日本書紀』を採用する。

だからといってすべて『日本書紀』偏重ということではない。ご存知のように書紀は対外国用（とくに漢語圏向け）に通用するよう「漢文体」で書かれている。すなわち「和語」ではないのだ。

これに対して『古事記』は古代日本語の音を優先する「変体漢文」であり、万葉仮名などの上代特殊仮名遣いであるところから、よく当時のエッセンスやニュアンスを伝えている。

つまり歴史的にも文化的にも、あるいは思想的にも『古事記』はきわめて重要である。ただ、固有名詞の表記のみは漢字への認識不足から使用法に問題があるので私は用いないということだ。

それでは「まがたま」の表記はどうだろうか。

冒頭に示したように、『古事記』は「勾」の文字を用いている。そしてこの字が広く一般に膾炙している。

「勾」の字は「まがる」と訓む。それだけであれば「曲」と変わらない。

「勹は人の勾曲《こうきょく》している形。ムも勾曲の形で、骨の屈折を示す。」と『字統』（白川静）にある。さらに「すなわち屈肢葬をいう字」とある。すなわち「死体」を表す。

つまり卑字・凶字である。少なくとも吉字・好字ではない。『古事記』がこの字を採用したのは、ヤマトタケルに「倭建」の字を充てたのと同様の失策で、いずれも漢人からのアドバイスがあって採用したものだろう。「まがたま」は日本独自のものであるがゆえに、漢字は後付けになったのだ。「勾」は、少なくとも神器に用いる文字ではないだろう。

これに対して「曲」にはとくに負の意味はない。物理的に曲がっていることを示すのみだ。管玉などのように様子を表すだけで十分ならば、曲で良い。だから本書では「曲玉」を用いる。「倭国」でなく「日本国」を用いるように、「勾玉」ではなく「曲玉」を用いる（＊ただし、引用・慣用等については元の表記を優先する）。

■八尺瓊曲玉という名称

さてそれでは一般名詞の「まがたま」ではなく、固有名詞の「八尺勾璁《やさかのまがたま》」「八坂瓊曲玉《やさかにのまがたま》」について検証しよう。

「剣」の章でも指摘したが、「名称」は決して軽んじてはならない。まずはその名称を素直に考えるのが研究する者の基本姿勢というものだ。〈玉〉も〈鏡〉も〈剣〉も、それぞれ独自の名が付いている。それらの名は、訳あって付いているのであって、それだけの意味や由来が込められているのは当然である。

ましてそれが「三種の神器」である。究極の宝物である。であればこそ、必然があると考えるべきであって、しかもその名は、変わらずに永く伝えられてきたのだ。

多くのヤマト言葉がそうであるように、まず初めにヤマト言葉があって、それに相応しい意味を持つ漢字が選ばれて充てられた。

すなわちまず初めに「やさかのまがたま」または「やさかにのまがたま」という呼び名があって、それから後世に八尺勾璁、八坂瓊曲玉という漢字が充てられた。

つまり固有の名称は「八尺」と「八坂瓊」である。

「やさか」は「弥栄（いやさか・やさか）」であって、玉を言祝《ことほ》ぐために冠せられたもので、単純に大きいことを意味する「八坂」という語をそれに充てたものだろう。

なお、尺・咫は第一章でも触れたように「アタ」と読み、上代の長さの単位だ。一アタが手のひら一つ分。また「八」はわが国では古来「多」「大」を表す。八俣の大蛇も八百万の神々も同様である。つまり八咫鏡と同様で「大きな」という意味である。

つまりどちらであっても「大きい」ということだけは変わりがないので、特別巨大な曲玉なのだろう。これまで発掘発見されている曲玉で最大のものは長さ七・四センチメートル（翡翠／東京都板橋区出土／弥生末期）であるので、少なくとも十センチメートル以上はあったのではないかと想像される。「神器」とされるためには際立っていなければならず、同じようなものが他でも入手できるようでは神器たり得ないからだ。

「璁」の字は『古事記』の「勾璁」以外ではほとんど見ない文字であるが、「ソウ」と発音し、「玉に似て美しい石。美石。」（諸橋『大漢和』）のことである。

「瓊」は、「ケイ」と発音し、「美しい玉。赤い玉。」であると、これも諸橋『大漢和』

にある。『説文繫傳《せつもんけいでん》』（徐鍇撰）に「瓊、赤玉也。（瓊は、赤玉なり。）」とある。またそれは「瑪瑙《めのう》」をいう。

以上のように固有の名称からは「特別大きな、赤い瑪瑙製の曲玉」ということになる。

■曲玉の旅

さて、それでは曲玉の由来はどうか。これこそは、神器三種の中の最大の謎である。

玉《ぎょく》製品そのものは中国の古代遺跡からも大量に発掘されるし、中国では古来珍重され続けていてとくに珍しいものではない。様々な形状に加工されて、中国観光の代表的な土産物でもある。中国人は今もなお〝玉好き〟で、どの家も、どの人も必ずいくつかは保有していると言ってもよいほどだ。私たち日本人には想像も付かないような特別の愛着があるという。

ちなみに玉を、一般には翡翠とくに硬玉を指していうことが多いが、本来は美しい石のことであって、すなわち宝石全般をいう。中国で古くから好まれている玉製品も、翡翠をはじめとして瑪瑙や水晶など様々である。

日本の曲玉も、翡翠に限らず様々な素材で造られている。縄文時代の遺跡からは土器の一つとして造られたものや、滑石製の曲玉などが発掘されているが、弥生時代中期あたりからは翡翠製の曲玉が少なくない。『魏志』の「倭人伝」に「孔青大句珠二枚」が邪馬台国女王・臺與《とよ》から貢納されたと記されているが、これは翡翠製の曲玉であるだろう。他にもガラスや琥珀、鼈甲、木製のものもある。沖縄では陶や金の曲玉も発掘されている。

その形状はC字形で、紐を通す穴が空いている。これを「定型」としている。ちなみに穴のある部分を頭、C字の内側を腹、外側を背と呼ぶ。

形態において、定型の典型は石上神宮の禁足地発掘の十一個の曲玉である。濃緑および淡緑の翡翠製曲玉で、最大のものは長さ五・三センチメートル、最小のものは長さ一・八センチメートルで、古墳時代前期のものと考えられている。

「その形状が何れもほぼ半円状を呈し、且つ自由さが認められ、頭尾同大の物の多い事、又穿孔法に両穿が多い点である。（中略）最小形品一個を除く外全部に丁字頭を有する点である。（略）丁字頭も亦古式勾玉の一特徴であり、（略）その刻文は多く三条であるが、時には二条又は四条五条等の物も存し、（以下略）」（『石上神宮宝物誌』＊傍線は筆者）

「定型曲玉」については、垂飾《たれかざり》の歴史的変遷という観点から木下尚子氏が綿密な分析をおこなっている。その中の一節を紹介しよう。

「定形勾玉は全長3cm前後あるいはそれ以上の大型の玉で、頭部は扁球状をなし、その下に明瞭なくびれ部をもち、強く屈曲する胴部・やや細まった尾部が続く。胴部断面は正円形に近く、全面よく研磨された曲面をなしており、動的で豊満な印象を与える。定形勾玉はいずれも互いに相似形をなし、その造形は素材の自然形状にほとんど影響を受けていない。これは縄文系勾玉と大きく異なる点である。このことから、定形勾玉では定められた〝型〟を踏襲することに大切な意味があったとみられるのである。

定形勾玉は弥生時代中期中頃から後半に、北部九州の玄界灘に臨む平野部で一斉に使用がはじまる。この時期多くの定形勾玉はガラス製である。また定形勾玉はそれぞれの

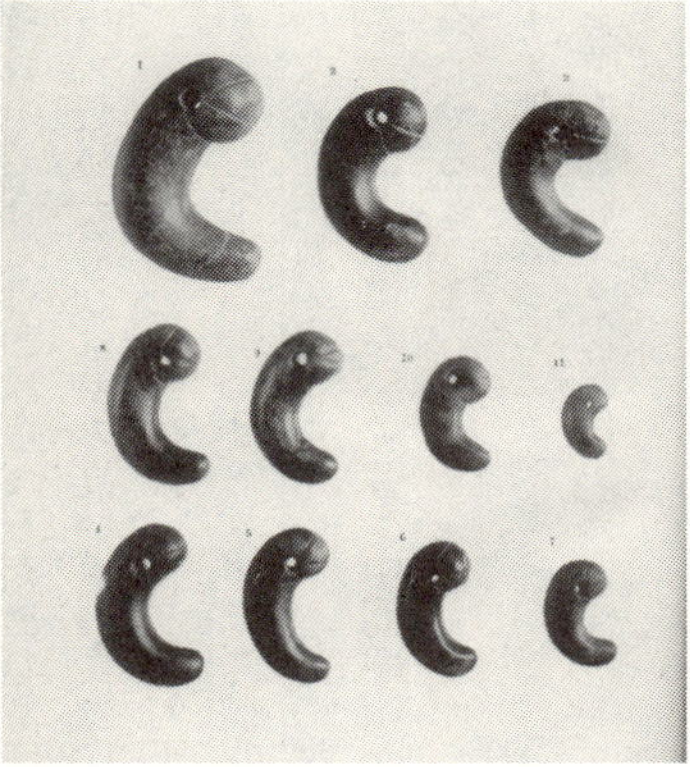

硬玉曲玉（石上神宮禁足地発掘勾玉・重要文化財『石上神宮文化財』より）

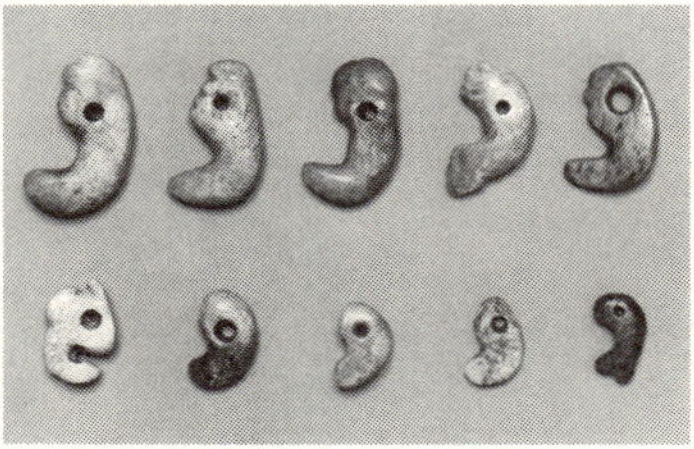

北海道余市町大川遺跡出土ヒスイ玉（縄文時代）（よいち水産博物館蔵）

地域の最有力者とみられる人物の墓に伴っている。彼らは当時、楽浪を通じ壁などのガラス製品を含む水準の高い漢の文物に接していた。

ガラス成分分析の結果、ガラス勾玉の成分は中国製ガラス製品とほぼ同質であることが判明している。つまり、ガラス製定形勾玉は、地域の政治的最高レベルの人々が、漢の文物と同質の素材を用い、一定の型を厳密に守って作り上げた垂飾ということができる。北部九州において弥生中期中頃から後半の時期〝国〟的概念が成立することを考え合わせると、これと軌を一にして作られた定形勾玉は、政治性あるいは階級性を前提にした垂飾とみることができよう。」（木下尚子「装身具＝垂飾」／『弥生文化の研究8、祭と墓と装い』＊傍線は筆者）

つまり、当初は胎児を象《かたど》っていたものが、後世になって巴《ともえ》等の観念が付与されたものであるだろう。したがって、その形状によって製作年代が推定できることになる。石上神宮の発掘曲玉は古式定型である。

これに対して、縄文時代のものには二個が背中合わせに接続しているX字形や、小さな曲玉がくっついている子持ち形、魚形、釣り針形など、様々な形があって、これを「不定型」としている。不定型がより古く、時代が下るにつれて定型として洗練されて行く。とくに弥生時代（三世紀頃）から古墳時代（五世紀頃）にかけて造られる「丁字頭《ちょうじがしら》曲玉」が造形の頂点、定型の完成であったと思われる。

その理由の一つは判明している。弥生時代以降の定型曲玉は、いかなる素材であろうともその形にするだけの技術があった。一方、縄文時代には素材の癖に沿って刻む程度の技術力であったために、同形のものを大量に製造するのが難しい。

ただそれでも、縄文時代からすでに数多く製造されていて、弥生時代には朝鮮や中国への重要な輸出品になっていた。とくに朝鮮からは曲玉との交換によって鉄鋌《てってい》（刀剣用の地金）を輸入していたと考えられている。ちなみに、奈良県宇和奈辺《うわなべ》陵墓参考地の陪《ばい》冢《ちょう》から、大鉄鋌二八二点、小鉄鋌五九〇点が出土している（昭和二十年発掘）が、すべて朝鮮からの輸入品と考えられている。これらの替わりに多くの曲玉が輸出されたことだろう。

■出雲から献上させた「神宝」

古代において、曲玉は出雲の玉造が代表的な産地である。

『古事記』には製造者は玉祖連《たまのやのむらじ》の祖神・玉祖命《タマノヤノミコト》と、『日本書紀』には玉作部《たまつくりべ》の遠祖・豊玉《とよたま》と明記されている。

これは、曲玉が当初から出雲と深い関係にあることを示唆しており、それだけに元はオオクニヌシの依り代として祀られていたものと考えられる。

そして崇神天皇が出雲臣に献上させた神宝こそは、その後門外不出の曲玉となるのではないか。

『日本書紀』崇神天皇六十年秋七月丙申《ひのえさる》の朔《ついたち》己酉《つちのとのとりのひ》（十四）の条。

群臣《まへつきみたち》に詔《みことのり》して曰《のたま》はく、武日照命《たけひなてるのみこと》の、天《あめ》よりもち来《きた》れる神宝《かむたから》を、出雲大神《いづものおほかみ》の宮に蔵《をさ》む。是を見《みま》欲し、と。則ち矢田部造《やたべのみやつこ》の遠祖《とほつおや》武諸隅《たけもろすみ》を遣はして献《たてまつ》らしむ。是の時に当たりて、出雲臣《いづものおみ》の遠祖出雲振根《とほつおやいづものふるね》、神宝を主《つかさど》れり。ここに筑紫国に往《まか》りて、遇《まいあ》はず。其の弟飯入根《いろどいひいりね》、則ち皇命《おほみこと》を被《うけたまは》りて、神宝を以て、弟甘美韓日狭《うましからひさ》と子鸕濡渟《うかづくぬ》とにさづけて貢《たてまつ》り上ぐ。

群臣に詔して申されるには、武日照命《たけひなてるのみこと》が高天原から持ってこられた神宝が出雲大神の宮に納めてあるのだが、これを見たい、と。そこで、矢田部造《やたべのみやつこ》の先祖である武諸《たけもろ》隅《すみ》を派遣して奉らせた。このとき、出雲臣の先祖である出雲振根《いづものふるね》が神宝を管理していた。ところが筑紫国に出かけていて会えなかった。しかしその弟の飯入根《いひいりね》が皇命《おほみこと》を了承して、弟の甘美韓日狭《うましからひさ》と子の鸕濡渟《うかづくぬ》に神宝を持たせて奉った。

（＊書き下し文、訳文とも筆者による。）

ここに書かれているのは、出雲大社（杵《き》築大社《つきおおやしろ》）に納められている神宝を、崇神天皇が命じて献上させたという経緯である。

この神宝は、高天原から持ってこられたものとあまねく知られていたようだ。おそらく記・紀・本紀に書かれている、イザナギがアマテラスに与えた「玉璽《ぎょくじ》」であろうと思われる。玉璽とは玉飾、つまり輪飾りである。これは大小八つの曲玉を、植物の繊維で輪状に結びつなげたもので、大きさから言うと、ネックレスというよりもブレスレットに近い。

しかしここには神宝の種類について何も記述がない。これはこの後の条の「身代わりの神宝」をあたかも「返却」であったかのように見せる意図的な記述であると思われる。出雲大神の神宝は、本来は「玉璽」であって、つまり「曲玉を連ねたもの」である。献上を正当化するために神話編で由来を創ったものと思われるが、首飾りを「御倉板挙《ミクラノタナアゲ》神《ノカミ》」と呼んでいるのは、出雲の神宝の倉から得たものという名残であろう。

それが出雲大社に祀られているということは、当然のことながら「大国主命の依り代」である。大社の本殿に鎮座し、出雲臣一族にとっては究極の神宝である。

これを、時の崇神天皇は「見たい」と望んだ。

しかし天皇に見せるために奉るということは、献上するのと同じ意味であって、ひとたび奉ればもはや戻ってくることはないと覚悟しなければならなかったと思われる。

だから、これに続く条では、帰郷した兄が弟の行為に激怒する。責任者である兄・出雲振根《いづものふるね》が留守の時に、弟・飯入根《いひいりね》が勝手に奉ったことが許せなかったのだ。なぜ待てなかったのか、何を恐れてやすやすと神宝を渡したのかと、弟を責めた。そのため兄は弟を殺した。

それを伝え聞いた天皇は、吉備津彦《きびつひこ》と武渟川別《たけぬなかわわけ》とを派遣して、出雲振根《いづものふるね》を殺させた。この事件に恐れをなした出雲臣たちは、この後しばらく出雲大神を祀らずにいた。

この一連の事件は、天皇の圧倒的な強権を示すものでもあり、それに対する出雲の臣従を示すものだろう。

崇神天皇はこの後に、神の啓示があったとして、出雲に鏡を祀らせた。

――と、これで一件落着のようだが、先にも述べたように、「見たいと命じて奉らせた神宝」が何であるかは記さず、後に「鏡」を祀らせたというところに作為を感じる。

崇神天皇は、出雲の依り代の交換をおこなったのではないか。

そしてこの時に天皇に献上された曲玉が、神器・八坂瓊曲玉となった。大国主命の国津神（地祇）系を鎮魂するために、その由来によって選ばれた御霊代《みたましろ》であり依り代である。

ただし、それは八坂瓊曲玉の半分であろうと、私は考えている。

あとの半分は、どこから来たか。

行方不明とされる十種神宝《とくさのかむだから》の曲玉四種である。十種神宝そのものが神武天皇に献上されたのだから、代々の天皇に継承されているはずで、移動の記録がない限り、宮中にとどまっていて当然である。

十種神宝の二種の鏡は、最古の元伊勢である籠神社に往き、そこから一種のみがトユケ神（豊受・止由気）とともに伊勢国五十鈴川畔に往った。これが八咫鏡である。そして四種の玉、すなわち生玉《いくたま》、死返玉《まかるかへしのたま》、足玉《たるたま》、道反玉《ちかへしのたま》の四種は、そのまま宮中に残っているのだ。

この四種と、出雲の四種を合わせて「八種＝八個」の曲玉が、八坂瓊曲玉の真相である。すなわち現在の宮中の八坂瓊曲玉は「八個からなる連珠」だろうと、私は推測している。

■ニギハヤヒの「十種神宝」の行方は

ここで、三種の神器にきわめて重要な関わりをもつ十種神宝についてあらためて確認しておこう。ニギハヤヒが天孫降臨の際にアマテラスから授与された天璽瑞寶十種《あまつしるしみずたからとくさ》、いわゆる十種神宝、この中には〈鏡〉も〈剣〉も〈玉〉もある。そして公式には、すべて行方不明とされている。

しかし、大半はしかるべき各所で斎《いつ》き祀られていると私は考えている（詳細は拙著『ツクヨミ』参照）。行方について、推測想像も含めて一覧に示してみよう。

【天璽瑞寶十種】
瀛都鏡《おきつかがみ》——内宮の神体・八咫鏡
邊津鏡《へつかがみ》——籠神社の神体

八握劒《やつかのつるぎ》——石上神宮の神体・布都御魂剣《ふつのみたまのつるぎ》
生玉《いくたま》——八坂瓊曲玉の一
死返玉《まかるかへしのたま》——八坂瓊曲玉の一
足玉《たるたま》——八坂瓊曲玉の一
道反玉《ちかへしのたま》——八坂瓊曲玉の一
蛇比禮《おろちのひれ》——ヤマトタケルに天叢雲剣とともに授与
蜂比禮《はちのひれ》——ヤマトタケルに天叢雲剣とともに授与
品物比禮《くさぐさのもののひれ》——ヤマトタケルに天叢雲剣とともに授与

もともと〈鏡〉を神宝としていたのはニギハヤヒの一族であった。銅製の鏡は、元々舶来である。籠神社の神宝で鑑定されたように良質のものは漢代のものが多い。その時代、日本にはまだ銅鏡を製造する技術がない。ニギハヤヒが天磐船《あめのいわふね》に乗って空からやってきたという記述が比喩であるなら、少なくとも外来の神であるということはできるだろう。そして大和地域を本拠地とする最初の王権となった。しかし、神武によって滅ぼされ、怨霊神となったのだろう。物部氏は一族の祭祀役で、鎮魂鎮祭のために生き残った。〈鏡〉は、ニギハヤヒの御霊代となったのだ。

鏡は、崇神天皇に祟りをなしたため、恐れられて宮居の外に祀られ、最終的に伊勢の地に鎮座する。怨霊神・ニギハヤヒ（天照国照彦天火明櫛玉饒速日尊）を鎮魂するために、手篤く祀ったものだろう。

これに皇祖を習合し、最強の守り神としたのは天武天皇である。大来皇女《おおくのひめみこ》を斎宮（伊勢神宮の斎王）として赴かせ、社殿も造営し、文字通り斎《いつ》き祀《まつ》った。八握剣《やつかのつるぎ》は舶来であり、石上神宮に納められているものがそうだろうと思われる。また、比礼《ひれ》はヤマトタケルに剣とともに授けられ、以後不明になっていると思われる。

そして曲玉四種は、三種の神器へと合体した。

古来「曲玉」を究極の神宝としていたのはオオクニヌシの一族であった。もともと畿内を本拠地とする土着の豪族で、天孫天神に臣従して後は、出雲に大王の霊威とともに祭祀役のみ移封された。その子孫が出雲国造家《いずもこくぞうけ》であり宮司家の千家《せんけ》氏と北島《きたじま》氏である。杵築大社《きつきのおおやしろ》（出雲大社）の宮司は、この両家が交代で務めることになっている。出雲の王家は断絶滅亡し、出雲族の人民は天孫政権下に繰り入れられた。崇神天皇の命によって、神宝の曲玉が召し上げられて、身代わりに鏡が納められたことは既に述べた。

この曲玉四種は純粋に国産である。これに、ニギハヤヒの玉四種と合わせて八種が八坂瓊曲玉であるだろう。

ただしニギハヤヒの玉は、大陸産のものであるから、曲玉の形ではないだろう。名称も単に「玉」とあるのみで「曲玉」となってはいない。

つまり八坂瓊曲玉とは、曲玉四種と、他の形の玉四種を合わせたものではないかと、私は推測している。これを交互に麻糸でつないで連珠としたもので、これが剣璽の間に安置されている八坂瓊曲玉であろう。

以来、践祚大嘗祭を含む宮中祭祀に用いられる三種の神器は、曲玉のみオリジナルであるということになっている。

しかし本当にそうだろうか。八つのうち四つがニギハヤヒの神宝で、四つがオオクニヌシの神宝である。鏡も剣も時の天皇に祟った。曲玉にも、この二種の神器に拮抗するだけの祟りがあって不思議はない。だからこそ、どこかに斎き祀られていなければならないし、慰霊鎮魂されていてしかるべきだろう。これはあくまでも推理であるが、曲玉が八種ともに鎮座するには、外宮もふさわしいと思われる。そしてもしそうならば、それを指示できるのは天武天皇であるだろう。

ちなみに、伊勢の外宮の神体は公表されていない。これについては、神宮に奉職する神職が口にするのもはばかられる、として一切口を閉ざしているのが現状だ。もちろん神宝神体についての記録は一切ない。

籠神社奥宮の真名井から、天照大御神自らが豊受大御神を連れてきた時に、その神体の鏡も持ってきたので、こちらも神体は鏡であるという説もある。伊勢の神宮には謎が多いが、なかでも外宮の神体の謎は重大だ。

■天武天皇の理念を映す第三の神宝

天武天皇は「三種の神器」を制度として初めて制定した。そして同時に広くそれを宣言し、記・紀にもそれを録し、神器の由縁を天孫降臨にまで求めた。〈鏡〉と〈剣〉には神話由来の起源がすでにある。そして曲玉を第三の神宝とするためには、それを神体とする神と神話が必要となる。

天武天皇は、「日」に対する「月」から、「太陽」に対する「太陰」から、「月読《つくよみ》」という神を充当した。『日本書紀』に、天武天皇は「天文・遁甲に能《よ》し」とあるように、陰陽の道に特別優れた能力があった。陰陽道において「太陰」は森羅万象の根源であり、大きな力をもたらす。太陰とは「月」そのものである。

日読み、月読みの語は古くから慣用されている。アマテラスが日読みの神であるなら、対応する月読みの神は「月読」が良い。だから円形で陽光を反射する「鏡」に対して、弦月の形をして光沢のある「曲玉」はふさわしい。――曲玉の本来の意味は、ここで変換されたのだ。古墳時代に完成を見た「胎児を象った曲玉」はここに終焉し、以後は太陰の月であり巴である造形として洗練されていくことになる。

曲玉を、その発生当初から後世のデザイン化に至るまでを一貫したものとして解釈しようというところに、「曲玉の謎」は起因している。神器として選ばれた曲玉と、それ以前の曲玉は別物であると理解すれば、根源の「謎」は解決するだろう。「太陰」に擬せられてからの意匠としての洗練は、めざましいものがある。とくに戦国から近世に入る頃には、神紋や家紋として広く採用されるようになり、「曲玉」といえばこれを連想するようになる。天武天皇の企図した思想が開花したと言えるだろう。紋所として初めに採用したのは社家とされるが、たとえば二荒山神社系の宇都宮氏は日月の差を付けず太陰すなわち月のみで構成した。

大石氏（内蔵助）や土方氏（歳三）等が採用した巴紋は、さらに発展して日本独自のデザインを生み出す。いわゆる「目」は省略され、頭から尾が生えた形となる。それが渦を巻くような動きで描かれ、一つ巴から三×九巴（板倉氏）まで多くのバリエーションを生み出した。赤松氏、土肥氏、小早川氏、有馬氏、尚氏等も巴紋を採用している。

わが国の「三種の神器」は、ここに完成した。天武天皇は、生きながらにして至高の存在となったのだ。それは「月」を「読む」のは、天武天皇自身であるからだ。ここに、

陰陽太極図

勾玉巴紋（宇都宮氏）

右二つ巴紋（大石氏）

左三つ巴紋（土方氏）

九曜巴紋（板倉氏）

この国の独自の様式《スタイル》はこうして定まった。

以後、皇位（天皇号を創案したのも天武天皇）の象徴は、〈鏡〉と〈剣〉と〈玉〉のセットであるとあまねく知られることになったのは、おそらく天武朝の広報担当者が優秀であったからだろう。

そういった結果から考えても、記・紀によって「三種の神器」と公式に認定したことにより、新たに加えた曲玉の権威は他の二種によって保証されたことにもなる。しかも、他の二種は宮の外に祀っていることを公表しながら、曲玉だけはそのまま宮中にあって天皇の依り代であるかのように、沈黙によって演出した。

それにしても、こうして成り立ちを見てくると、宮中三殿には三種の神器が祀られていてしかるべきではないかと思えてくる。もしかすると、かつては三種の神器と三殿は対応していたのかもしれない。

祭祀のために三種揃う必要があるのは前提だが、由来由縁を考えれば、御神体の本体はそれぞれしかるべき地に祀られなければならないだろう。〈鏡〉が伊勢に祀られて、〈剣〉が熱田に祀られているならば、〈玉〉も本来祀られるべき地に奉斎されているのが当然というものだろう。そしてその上で、宮中でも三種の「分身」が奉斎されて、宮中祭祀も成り立つというものではないのだろうか。

■花園天皇がスケッチした「璽筥《しるしのはこ》」

第二章で「剣璽御動座」について詳しく触れたが、返す返すも〈剣〉が分身なのに、〈玉〉が本体というのは不自然であるだろう。携行する（させる）という扱いから考えても、ともに分身であると考えるべきだろう。

では、〈玉〉の本体はいずこにおわすか。

私は、賢所《かしこどころ》に坐すと推測している。

すなわち、〈鏡〉は伊勢内宮、〈剣〉は熱田社、〈玉〉は賢所にて奉斎されており、いずれもその移動には「遷坐」の祭祀をおこなわなければならない。御神体本体の移動には遷座祭が必須であるという観点からも、御動座すなわち携行される〈玉〉が本体であるはずがない。

『帝室制度史』第五巻・第一編・第三章・神器に、

「宮中に於ける賢所崇敬の儀には、御拝、御供、御神楽、御搦《おからめ》、祓、法楽等あり。御搦は賢所の外《ほか》、神璽に付きても行はる。」

「神璽の御筥の御裹絹、御結緒等の損じの場合にも、之を新たにし奉ること賢所の御搦と同じ。之を神璽御搦と謂ふ。女官之に奉仕す。」

とある。

「御搦《おからめ》」とは御搦神事のことで、賢所内に安置されている二つの唐櫃に紐を掛ける神事である。ここにいう「賢所」とは場所のことを指すのではなく、神鏡の代名詞的呼び名である。つまり「賢所のほか、神璽につきてもおこなわる」とあるので、〈鏡〉の納められている筥だけではなく、〈玉〉の納められている筥も同様に御搦をおこなう、ということである。

左頁の上の絵は、なんともたよりない素描だが、第九十五代・花園天皇（一二九七〜一三四八）の直筆による「璽筥姿」である。すなわち「八坂瓊曲玉本体が納められている筥」である。

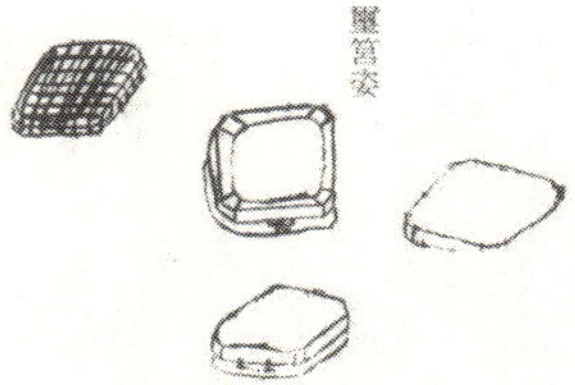

『花園天皇宸記』より

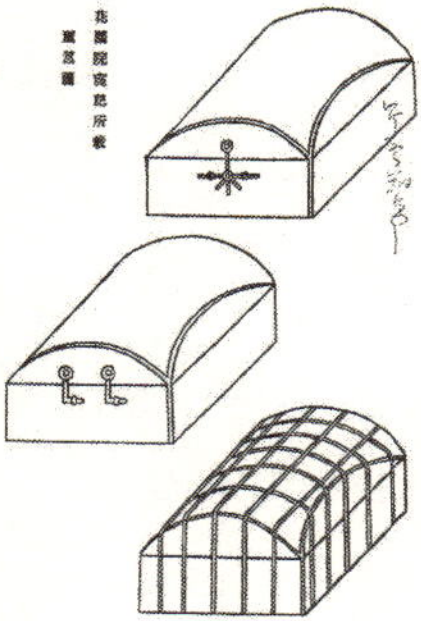
『帝室制度史』より

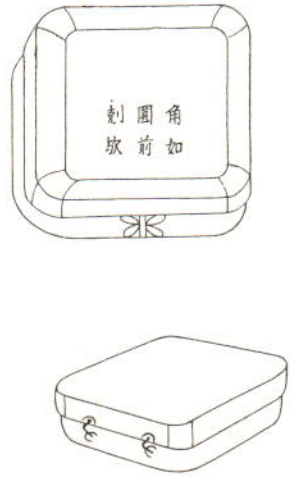

『神器考証』より

璽筥の図

その下の二つのイラストはこれを元に明治期に『帝室制度史』と『神器考証』の編集者がそれぞれトレースしたものである。

剣璽渡御の写真でもおわかりのように、現在では〈剣〉も箱に納められているが、かつてはとくに箱はなかったようだ。したがって、御搦は賢所内の二つの唐櫃と、宮殿内の璽筥とにおこなわれていたと解釈できる。

しかしいずれの櫃筥の中身も、誰も知らないことになっている。知らないままに、二つの唐櫃には〈鏡〉の分身が、璽筥には〈玉〉の本体が、入っているとされている。

つまり、一般に知られているままであるならば、分身を賢所で祀り、本体を剣璽の間に置いていることになる。これでは本末転倒ならぬ本体分身転倒であろう。

しかし順徳天皇は『禁秘抄』にこう記している。

「筥の中には鏡一つ程の物動く」

とすると、この時璽筥に納められていたのは鏡ほどはあろうかという大きな神璽一つであって、八つの〈玉〉から成る輪飾り状のものではないようだ。

壇ノ浦の海上から救われて宮中へ戻ってきた八坂瓊曲玉は、二段の箱に四つずつ納められていたという証言もあるように(「青蓮院覚書」)、すでに紐にて繋がれる連珠の状態にはなかったようだ。

しかしそれから二十四年余経って、順徳天皇が同床共殿していた璽筥には「大きな神璽一つ」が納められていたらしいという。これはいかなることだろう。

天皇も見ていないものを、誰かが入れ替えるなどということはあるはずもない。とすれば、壇ノ浦から回収されたものとは異なるものということになるのではないか。

つまり「八つの〈玉〉が納められた箱」と「大きな〈玉〉一つのみ納められた筥」とがあって、天皇の身近には「一つ」のほうが置かれるようになっていたのではないか。それをおこなったのが先代か先々代かはわからないが、平家が持ち出したことを憂えてのことかもしれない。いずれかが「本体」で、いずれかが「分身」であるだろう。

また、その後も「一つ」の筥が同床共殿であり続けたのか、あるいは再び交替することがあったのか、それはわからない。ただ近年、剣璽御動座に携わった者の証言に、子どもの頭くらいのものが入っていたようで、傾けてはならないと言われていた、とあるのは『禁秘抄』に共通するような気がしないでもない。

ところで花園天皇が璽筥の姿のみを描いたのは、日常身近に目にしていたこともあるだろう。いかなるものがこのうちに入っているのかと、しばしば空想しながら眺めたに違いない。それがこのスケッチになったのではないだろうか。

一方、賢所の唐櫃を天皇が目にするのは祭祀の時に限られる。「女官これに奉仕す」とあるように、普段は内侍所の女官たちが仕えており、御搦も女官がおこなう。しかも賢所内は小さな灯明のみで、きわめて暗い。天皇といえども唐櫃のディテールを正確に把握するのは容易くなかったことだろう。

ちなみに花園天皇はわずか十二歳で即位。十年後に後醍醐天皇に譲位したが、その間、前半は父・伏見上皇の院政であり、後半は兄・後伏見上皇の院政であった。

繰り返すが、日常的に携行できるのは分身であればこそであろう。かつて昭和天皇が神器を命懸けで守らんとした真意は、そうでなくては理解できない。手軽に携行できるのであれば、守るにさほど難渋はしないからだ。

■八坂瓊曲玉は天皇の守護か

第十代・崇神《すじん》天皇の時に、疫病のために多くの死者が出て、また反乱も起きた。三輪王朝の祭主である崇神天皇はひたすら祈ったが、宮殿の中に同居する鏡を畏れ、大和・笠縫邑《かさぬいむら》に移したと書紀に記されている。その後、鏡は伊勢に移されて現在に至っている。

オオモノヌシに擬せられる崇神天皇はスサノヲ、オオクニヌシの血脈である。したがって崇神朝においては草薙剣こそが最上位の神器となるのは言うまでもない。由縁からすれば十握剣もそれに劣らぬ聖性を持たされてしかるべきだろう。

しかし鏡はあくまでもアマテラスの系譜の神器である。統帥者の徴として引き継いだ以上、あだやおろそかにはできないが、崇神天皇にとっては自らを守護する神器ではない。

また第四十代・天武天皇の時に、天皇の病がにわかに重くなり、占いによれば草薙剣の祟《たた》りであると出たため、ただちに尾張国・熱田社に剣を送り安置したと、これも書紀に記されている。

以来、践祚大嘗祭を含む宮中祭祀に用いられる三種の神器は、曲玉のみオリジナルで、他の二種は分身である。

これは一体どういうことだろうか。

『日本書紀』をどう読んでも、鏡と剣は時の天皇に祟《たた》ったので畏れて外に出したとしか読めないではないか。

三種の神器は天孫・ニニギノミコト以来、天皇を守護するものである。にもかかわらず、三種のうち二つまでもが「祟った」とはどういうことか。崇神天皇も天武天皇もそれぞれの神器と宮殿で同居するのを畏れた。時の凶事が神器に起因すると考えた。これはただごとではない。

崇神天皇は、鏡に祟られた。ということは、アマテラスに祟られたということになる。天武天皇は、剣に祟られた。ということは、それを依り代とする神に祟られたということになる。

神器は以前は二種で、天武天皇の時に三種になった。それを正当化するのは天武天皇が編纂を命じた『古事記』と『日本書紀』である。

そしてその後に即位した桓武天皇は、鏡を守護とした。――以来、アマテラスの系譜は連綿と続いている。

天武系が断絶して、天智の直系である桓武は、長岡に一時遷都してから満を持して平安遷都を挙行した。方違《かたたが》えであろう。これで「月の都・奈良」の地からついに離れることになる。京都は天智が行方不明となった場所でもある。以後、京都は文字通り千年の都となる。

ただ、桓武天皇は曲玉を畏れた。それを御霊代とする天武一族の怨霊を畏れたのだろう。だからその後、御所深く秘して祀られたのではないか。

そしてここに、三種の神器はすべて封印されたことになる。伊勢、熱田、山城のそれぞれに手厚く祀られた。

――ところで、明治になるまで、天皇が伊勢に正式参詣したことはただの一度もないと先述した。天皇になって後、また天皇にある間のみはまったく参詣せず、皇太子や上皇はむしろ繰り返し参詣している。〝今上天皇としての参詣〟は、明治天皇が歴代で初めてである。これはきわめて異常なことだ。それはいったい何故なのか。

その理由として、かつて私は自著の中で「天皇は現人神《あらひとがみ》であるから神宮参詣はおこなわない」と述べた。神が神を参詣するのは理念的に齟齬を来す。現人神の理念を創り上げたのは天武天皇である。そして伊勢神宮を現在の形にしたのも天武天皇である。そしての理念はその時以来実行されてきた。今でもその主旨に基本的に誤りはないと思っている。そういう理由もあったであろう。

ただ、その論理では明治天皇の初参詣が説明できない。これがもし、昭和天皇が初参拝であったなら、しかもそれが昭和二十年の夏以降におこなわれたのであったなら、現人神という理念を放棄したからだと説明できる。しかし明治天皇は、そうではなかったのだ。

とすれば、明治天皇が伊勢神宮を参詣したのは、それをおこなうに憚る必要がなくなったからではないのか。

もし仮に、八坂瓊曲玉本体が神宮に納められていたとしたらどうだろう。少なくとも桓武天皇以後のすべての天皇は畏れて近寄らないのではないか。それも〝皇位に就いている間〟のみに限って、近寄るのを恐れることだろう。天武天皇の祟りがあるとするならば、それは皇族一人一人にではなくて、天皇という位に在るという限定の祟りになると考えるのではないか。

そして八坂瓊曲玉本体は、明治になる時に神宮からいずこかへ一旦遷されたのではないか。だから天皇は神宮参詣が可能になったと考えてみると筋道が見えて来る。

▼明治二年、維新後初の遷宮がおこなわれた。

この時の遷宮は、江戸幕府から山田奉行に任じられていた本多藩が、慶応から明治にかけての混乱の最中にあって、藩財政を傾けてなお完遂したものだ。したがって、実質的に江戸幕府が用意万端整えたものを、明治政府は最終段階で引き継いだものである。

▼明治五年、歴史上初めて天皇が伊勢の神宮を参詣した（御親拝を仰いだ）。

天皇御親拝という歴史的事件が実現するためには、その前に〝何か〟を変えなければならない。歴代の天皇が誰一人として参詣することのなかった神宮に、その禁を破って訪れるために果たして何がおこなわれたのか。遷宮には膨大な資金が必要であり、長い準備期間が必要だ。したがって明治政府が明治二年の遷宮に際しできることは限られたことのみであったが、根本的かつ重要なことには当然関与したであろうことは想像に難《かた》くない。

御神体の確認は明治五年におこなわれたようだ。そして再び開けることのないよう「勅封」されたという。

そしてすぐに次の遷宮の準備にかかった。勅令により内務省に造神宮司庁を設置し、国家事業として取り組んだ。そして――、

▼明治二十二年、次の遷宮がおこなわれた。

明治政府として満を持しておこなった遷宮であった。

そしてこの時に内宮の配置は変わった。左の写真がその前と後である。本殿両脇に並んで建てられていた宝殿（財殿）は、背後に下げられた。天正十三（一五八五）年よりこの年まで三〇〇年間にわたって継承されてきた内宮社殿の配置は、一変したのだ。

これについては、天正の遷宮で旧と異なる配置にしてしまったため、旧に復したというのが公式見解である。戦国期の混乱で一二〇年間もの長きにわたり遷宮が途絶えた。そのため社殿は荒廃し、元の配置が判然しなかったのではないかとされている。そこで、内務省は天正以来の誤った配置から、天武天皇によって設計された当初の姿に戻したというのである。

しかし、たかだか一二〇年で社殿はその配置がわからなくなるほど荒廃するだろうか。現に全国各地の神社仏閣でも築後数百年経ちながら何ごともなく建ち続けているものは少なくない。世界最古の木造建築である法隆寺西院伽藍は築後実

皇大神宮（内宮）、明治 22 年の遷宮前

同、遷宮後

に一三〇〇年であるし、神社社殿最古の宇治上《うじがみ》神社本殿は築後九五〇年であるが、いずれも〝荒廃〟していない。むろん管理の仕方にもよるが、内宮の管理が特別劣っていたという根拠もない。とすれば、別の理由で社殿の配置は変えられたことになる。

▼法隆寺（別称・斑鳩寺）奈良県生駒郡斑鳩町法隆寺山内1―1
【本尊】釈迦如来
▼宇治上神社　京都府宇治市宇治山田59
【祭神】應神天皇　菟道稚郎子尊　仁徳天皇

一般に社殿の配置はそこに祀られる祭神と深く関わっている。とくに複数の祭神があれば、互いの上下関係等によって配置は決められる。

明治二十二年の遷宮前は、本殿に匹敵する何物かが宝殿（財殿）にあったから並んでいた。しかし遷宮後は、その何物かはすでにそこにはないため、背後に下げられた。

――そういう解釈も成り立つのではないか。そしてそれが八坂瓊曲玉本体であったのではないかというのは私の想像である。

そして八坂瓊曲玉本体は、新たに都となった東京に運ばれ、新たな宮殿の新たな社に祀られたのかもしれない。〈鏡〉も〈剣〉も分身しかない宮中で、唯一の本体として、しかも伊勢でも熱田でも天皇の「代理人」が祀っているが、ここでは天皇みずからが祭主となって祀るのだ。これならば八坂瓊曲玉は癒されて、「祟り神」から「守護神」へ変身するのではないか。——つまり八坂瓊曲玉は、「分身」に加えて「本体」も宮中に入ったということになるのではないか。

■八坂瓊曲玉が守護するものは

三種の神器はいずれも、当初と、後世とでは意味が異なる。これまで見てきたように「三種」はいずれも天皇に祟りを為した。そして手厚く祀ることでかえって強力な守護となった。

さて、それでは「守護神」となった三種は、それぞれ何を守護するのだろうか。国家を守護し、天皇を守護し、国民を守護する——当然そういうものと思われるかもしれない。

しかし、あながちそうとも言い切れない点もあるのだ。

それは、祀られる場所、によってはっきりする。三種は本体の祀られる場所が異なるが、そこに重大な意味がある。

八咫鏡と草薙剣は、それぞれ神社に祀られて、広く国家国民のための祭祀となっている。

しかし八坂瓊曲玉のみは宮中に秘蔵されて、国民は拝礼することができない。すなわち、曲玉は天皇（および皇室）に限定された祭祀である。

伊勢の神宮はもとは「私幣禁断《しへいきんだん》」であった。

これは、個人的な祈願（私的な幣帛）を禁ずるということで、特別な神社という意味である。つまり国家平安や皇室の弥栄《いやさか》を祈願する「国家祭祀」「皇室祭祀」のみをおこなうもので、他の神社とはまったく異なる位置付けであったのだ。

しかし時代が下ると、御師《おし》と称する下級神職が全国各地に出かけて行くようになり、彼らが個人個人の祈願を受け付けたり、神宮大麻（神宮の御神札）を配布するようになる。これが今に続く伊勢講の始まりである。「私幣」つまり「個人祈願」を受け入れるようになって、伊勢信仰は爆発的に広まることになる。

これに対して宮中の八坂瓊曲玉は、私幣禁断どころか「私幣不可能」である。

祀り方は、祀られる神（御霊代）の性格を如実に示し表す。もっとはっきり言えば、祀り方こそは、その神の威令そのものである。すなわち八坂瓊曲玉は天皇のみを守護するものであるだろう。

■宮中に祀られていたオオクニタマ神

鏡や剣の経歴は、どちらも天皇に祟りを為したことによって外に祀られることとなっている。鏡は崇神天皇に、そして剣は天武天皇に祟ったと『日本書紀』に明記されている。だから伊勢と熱田に、それぞれ鄭重に祀っている。そうすることによって、鏡も剣も鎮まっている。つまり「祟り鎮め」「鎮魂」である。

　では、曲玉は祟りを為さないのか。

　実は曲玉が祟りを為したという記録もあるのだ。

　第一章でもふれたが、崇神天皇の御代に、宮中に祀られていた二神を畏れて、宮の外に遷すこととした。その二神とは天照大神と、倭《やまと》の大国魂神《おおくにたまのかみ》である。

　アマテラス神については第一章で詳しく紹介したように、様々な経緯を経て伊勢へ鎮座することになるが、オオクニタマ神にも経緯がある。

　崇神天皇は、宮の外でオオクニタマ神を皇女・渟《ぬ》名《な》城《き》入姫《いりひめ》命に祀らせたが、皇女はすぐに髪が抜け落ち、痩せ衰えて、祀ることができなくなった。

　そこで代わりに倭《やまと》の直《あたい》の祖である市磯長尾市《いちしのながおち》に祀らせたという。

　長尾市は、大和坐大国魂《やまとにますおおくにたま》神社（現・大和《おおやまと》神社）を創建して、みずからが祭祀をおこなうことで、オオクニタマ神は鎮まった。

　長尾市の倭氏は大和国の国造であり、すなわちオオクニタマ神（倭大国魂神）は一族の氏神であるとともに大和国の産土神・地主神となった。

　つまり、天神《あまつかみ》であるアマテラス神は伊勢に祀り、地祇《くにつかみ》であるオオクニタマ神は大和に祀ったという起源である。

▼大和《おおやまと》神社　奈良県天理市新泉町星山306
【祭神】日本大國魂大神　八千戈大神　御年大神

なお、オオクニタマ神を大国主神と同一とする説があるが、本居宣長も否定しているように（『古事記伝』）、これは大和の地主神である。

『大和神社御由緒略誌』には「当神社の主神は、日本の全国土の地主神に坐します。」とあるが、「大和国」を拡大解釈したものであるだろう。

この神は戦艦大和の艦内に祀られていたことでも知られているが、これも「大和」の語に縁を見たものであって、本来の神霊とはとくに関わりはないと思われる。結果的に戦艦大和は役割を果たせなかったが、最大の主力艦として本来の活躍を期待するのであれば、オオクニタマ神という「地祇」ではなく、スサノヲ神などの「天神」を奉斎すべきであったのではないだろうか。


ところで神社の伝承によれば、主祭神・大国魂大神（大国玉神）の御霊代は曲玉であるという。しかもそれこそは「八坂瓊曲玉」であるとするのは安本美典氏である（『日本神話120の謎』）。私もとくにそれを否定するつもりはない。それも八坂瓊曲玉であるだろう（ただし一一一八年の火災で焼失。新たに造られたものも戦国期に焼失。現在の御神体は一八七四年に皇室より奉納されたものである）。

しかし私は、八坂瓊曲玉は先に述べたように一定数あったと考えている。来歴も少なくとも二系統あって、大和神社に祀られることとなった曲玉は、出雲由来のものであろう。そして宮中にはニギハヤヒ由来のものが残されたのだ。

崇神天皇以降、曲玉が祟りをなしたという記録はない。後にも先にもこの一度限りである。

しかし賢所の祭祀は、鎮魂の祭祀である。もし〈鏡〉のみを祀っているとするならば、はたしてどうか。しかも〈玉〉は本体であって、〈鏡〉は分身であるならば、祭祀の主力が分身にあるという不自然なことになる。

現在の賢所内陣の配置は、一ノ御座《みくら》が主で、二ノ御座は脇侍と思える配置である。そして一ノ御座が〈鏡〉であることは間違いないようだ。

しかしそうだとすると二ノ御座は何か。もし同じ〈鏡〉であるならば、上下関係となる配置には問題があるはずだ。しかし格別問題があるとはされていないので、両者の中身は異なるものであろうとは判断できる。だから私はそれを〈玉〉の本体ではないかと考えてみた。

ところで、この配置を決めたのは吉田兼倶であるが、おそらく兼倶は、天照大神を最高神とする保証があるべきだと考えた。自ら創唱した吉田神道、いわゆる唯一神道では、天照大神を唯一の最高神とするのが根本教義である。賢所の配置はそれと合致するものでなければならない。

それではもとの配置はどのようなものだったのか。はたして並列だったのか、あるいは二ノ御座のほうが上位だったのか。確かなことは、「現在の配置は兼倶が決めた」ということだ。兼倶がその時今の配置にしたということは、それ以前は今と異なる配置であったということになる。そうでなければ、「現在の配置は兼倶が決めた」ということにはなり得ない。

さらに大きなヒントは、本体と分身であろう。もし両方が同じ空間にあるとすれば、本体が上位となるのは当然だ。

一ノ御座の唐櫃には、鏡が何面も納められているという。かつて京の御所は幾たびも焼けている。戦火もあれば、不審火もあった。その際には鏡も焼けて、曲がったり歪んだりするたびに、新たな複製が造られた。そして古いものと一緒に唐櫃に納められている。

皇居の警備をおこなう皇宮警察は、皇居が火災になった場合に備えて定期的に訓練をおこなっている。そのなかには宮中三殿の消防訓練もある。いや、それどころか、火災発生時には第一に宮中三殿の御神宝を運び出すことになっている。天皇の玉体は、御神宝の次である（戦後は実際に運び出す訓練はおこなっていない）。

しかしもちろん、〈曲玉〉が焼けたという記録はない。

〈鏡〉も〈剣〉も銅製か鉄製であるから、火災の熱ではひとたまりもない。歪みもすれば溶融さえもするだろう。

しかし〈曲玉〉は、「玉《ぎょく》」すなわち「石」であるから、熱に対してはきわめて強い。

■赤い胎児――神の赤児

中国では古くから「玉製品」を珍重するが、とくに硬玉の翡翠や瑪瑙を珍重する。翡翠や瑪瑙はすべて「玉」と呼ぶ。

日本で「曲玉」が造られるようになったのはすでに縄文時代にまで遡るが、とくに糸魚川流域から翡翠が産出されるようになってからは、重要な輸出品として朝鮮や中国向けに造られ、代わりに「鉄鋌《てってい》（ねりかね）」や「金《きん》」などを輸入した。

とくに青緑色の翡翠製の曲玉は最高級品として人気があったようだ。

本章の冒頭で紹介したように、石上神宮の禁足地から発掘された曲玉は古式を代表する姿である。胎児を思わせる造形で、ほとんどに丁字紋が刻まれている。

そして素材は、やはり翡翠である。青緑色の翡翠の曲玉は、古代人が虜《とりこ》になったように、私たちも魅せられる。

しかし「玉」は翡翠だけではないのだ。そしてむしろ、翡翠よりも見かけることが少なく、貴重ともいえるのは「瑪瑙」である。

ただ、瑪瑙が翡翠ほどには珍重されていないように見受けられるのは、その色彩に理由があるかもしれない。

若狭瑪瑙という伝統工芸がある。福井県小浜市に伝わる独自の工芸品で、曲玉などの装身具や置物、茶碗などが生産されている。

その歴史は奈良時代まで遡り、「玉」を信仰対象とする海人族の鰐氏（和丹・和瓊・和邇など）が若狭一の宮の前で、「玉」造りを業としたのが始まりとされる。この地域は瑪瑙の原石産出地で、それを見出す技術も加工する技術も、江南渡来の海人族は保持していた。

▼若狭《わかさ》彦《ひこ》神社（通称・若狭一の宮／上下宮《じょうげぐう》）

若狭彦神社（上社《かみしゃ》）　福井県小浜市竜前28－7

【祭神】若狹彦大神

若狭姫神社（下社《しもしゃ》）　福井県小浜市遠敷65－41

【祭神】若狹姫大神

海人族伝来の技術に、江戸期に新たな技術が加わってさらに珍重されるようになる。

その新たな技術とは「焼き入れ」である。

玉屋喜兵衛という者が、難波の眼鏡屋に奉公中に、瑪瑙の原石に加熱する技術を学んだ。焼かれると鉄分が酸化して赤くなる。原石の瑪瑙には様々な色があって、赤色のものも知られているが、さほど鮮やかな色ではない。対して「焼き入れ」によって生まれる赤い瑪瑙は、自然には存在しない血色の瑪瑙だ。それをさらに研磨すると、透明度の高い美しい紅瑪瑙が生まれる。

この技術は若狭の職人たちが共有し、彫刻の技術と相俟って独自の美術工芸品を生み出している。

大和神社の八坂瓊曲玉が瑪瑙であるとすれば、奇しくも火災に遭ったことによって焼き入れされたのと同じ結果になった可能性はある。瑪瑙はきわめて硬い鉱石なので、火災に遭ったくらいでは無傷のはずだ。箱は焼けて失われても、曲玉そのものが焼失したとの伝承は信じられない。皇室から代わりの曲玉が納められたというのは、赤変した八坂瓊曲玉を皇室が引き取って、代替品を渡したのではないのだろうか。

赤変した曲玉は、さしずめ、火の中から誕生した神の赤児であろうか。

■ 斎宮の孕《はら》んだ石

八坂瓊曲玉を考える上で、ただならぬ暗示をもたらす記録がある。

『日本書紀』第二十一代・雄略天皇（四一八～四七九）の三年夏四月の条。

「三年夏四月《うづき》に、阿閉臣国見《あへのおみくにみ》が栲幡皇女《たくはたのひめみこ》と湯人《ゆえ》の廬城部連武彦《いおきべのむらじたけひこ》とを讒言《ざんげん》した。

武彦は皇女を奸《けが》して任身《にんしん》（妊娠）させました、と。

武彦の父・枳莒喩《きこゆ》は、この流言を聞いて禍《わざわい》が身に及ぶことを恐れた。

武彦を廬城河《いおきのかわ》へ誘い出し、偽って鵜飼いの真似をし、不意をついて打ち殺した。

天皇は使者を遣わして皇女に問わしめた。

皇女は答えて言った。私は知りません、と。

そのあとにわかに、皇女は神鏡を持ち出して、五十鈴川のほとりに行き、人のいないところを選んで、鏡を埋めて首をくくって死んだ。

天皇は、皇女の居なくなったことを不審に思って、闇夜にあちこち探させた。

すると河上に虹のかかったところがあり、その様は蛇のようで四、五丈もあった。

虹の起つところを掘って、神鏡を見つけた。

すぐ近くで皇女の遺体も見つけた。

割いてみると腹の中に水のようなものがあって、水の中には石があった。

枳莒喩は、これによって息子の冤罪を雪ぐことができた。

むしろ息子を殺したことを悔いて、報復に国見を殺そうとした。

（国見は）石上神宮に逃げて隠れた。」（＊口語訳は著者）


なお、栲幡皇女はこの時、伊勢の斎宮《さいくう》（伊勢斎王）であった。すなわち八咫鏡をお祀りする最高責任者であって、未婚の皇女が選ばれる。栲幡皇女は初代・豊鍬入姫命から数えて五代目斎宮となる。

また「湯人」というのは皇子・皇女の沐浴に奉仕する仕人である。

この記録は、一大事件である。なにしろ天皇の皇女である斎宮が讒言によって冤罪の汚名を着せられ、八咫鏡を持ち出して自殺したのである（当時は現在のような社殿はまだない）。

しかしこの話は、これまでほとんど注目されていない。おそらく解釈するに困惑があるからだろう。不可解な経緯が不可解なままに記録されている。

まず、この記録の信憑性について検討されなければならないだろう。

ことが「斎宮」の自死であるので、これは事実であろう。当時もかなり騒動になった事件のはずで、自死そのものを創作とするのは無理がある。

また、直接の関係者である阿閉臣国見にも廬城部連枳莒喩にも一族がいるので、むやみに経緯を創作するわけにはいかない。なおかつ、阿閉氏は伊勢の有力氏族であり、姓《かばね》は「臣《おみ》」、廬城部氏は安芸の豪族で姓は「連《むらじ》」であって、ともに高位にある。にもかかわらず、一族の恥となる事実を録している。国見の讒言も恥であろうし、また枳莒喩は、たとえ悔いて報復をしようとしたにしても、浅はかにも息子を殺したことに変わりはない。

また雄略天皇としては、斎宮に任じたわが娘が、もし讒言のようなことになっているとすれば、ただちに対応しなければならない。ことは国家祭祀の頂点の人事に関わるのだ。

ただ、栲幡皇女については、身に覚えのない辱めを受けたのであれば、恥を雪《すす》ぐために自死によって潔白を示すというのはあり得ることだ。この記事で『日本書紀』の目的がはっきり見えるのはこの点であるだろう。すなわち、事件そのものは隠蔽できないが、皇女はみずからの潔白を示すために自決したのだということだろう。

この事件が朝廷にとって一大スキャンダルであることはまぎれもないことで、良くも悪しくも事実は事実として記されなければならないが、それならば潔白であったことを明記して皇女の霊を慰めたのかもしれない。またそれは朝廷にとっても必要なことであった。そのためにはたとえ有力氏族の阿閉臣・廬城部連であっても、経緯は厳格に記すということであろうか。

ただそれでも、皇女の腹を割くところまで書く必要があったのか。そもそも遺体の腹を割いて確認するということが、当時もあり得たのかと、つい考えてしまう。父・雄略天皇の残虐さを表すものの一つだとする説もある。

むろん現代であれば、自殺した場合には変死として検死司法解剖は法的に定められているが、なにしろ古代のことである。しかし私たちの考える以上に古代は〝現実的〟であったのだろうと思わざるを得ない。自殺しただけでは潔白は証明されず、腹を割いて確認してこそ真の潔白が明らかになるということなのだろう。

父による子殺しや、自殺した皇女の腹を割いてまで事実確認しようとするなど、私たち現代人の感覚からすると認めがたい行為が見られるが、当時と現代ではまったく異なるモラルであることは承知しておかなければならないだろう。

この時代より後に仏教は伝来し、殺生に対する罪意識が形成される。またさらに江戸期には儒教の刷り込みがおこなわれて道徳観や倫理観が形成される。

しかし雄略天皇の時代には、こういった観念はほとんどないのだ。だから私たちの物差しで測ることはできない。あるいは、魂の抜けた肉体というものに対して、現在の私たちには及びも付かないような突き放した捉え方をしていたかもしれない。『日本書紀』は不都合なことは削除するという編集方針があったと考えられるにもかかわらず、あえてここまで記しているのは、不可解なだけになおさら〝事実〟なのだろう。

それにしても、この逸話をそのまま解釈すれば、時の斎宮が処女懐胎によって「石」を孕んだということになる。すでに七世紀には聖書の処女懐胎神話も伝わっているので、それに倣ってこの結末のみは創られたとも考えられる。そうすると「神の子」ならぬ「神の石」が斎宮に孕まれたこととなる。さながら「胎児勾玉」を暗示しているかのようではないか。

「勾」の字の意味についてすでに述べた。「勹は人の勾曲《こうきよく》している形。厶も勾曲の形で、骨の屈折を示す。」と『字統』（白川静）にある。さらに「すなわち屈肢葬をいう字」と。

それゆえに卑字・凶字であって『古事記』がこの字を採用したのは、ヤマトタケルに「倭建」の字を充てたのと同様の失策であるだろうと私は指摘したが、この逸話にはむしろ「勾」の字が相応しいかもしれない。栲幡皇女が孕んだのは「勾玉」であったのだという由来神話なのか。

なお、廬城部連《いおきべのむらじ》枳莒喩にはその後にも記録がある。第二十七代・安閑天皇元（五三四）年、枳莒喩の娘・幡媛《はたひめ》は物部大連尾輿の瓔珞（首飾り）を盗んで春日皇后に献上した。しかし事が発覚したため、枳莒喩は娘・幡媛を采女丁《うねめのちよう》（下級女官の召使い）として差し出した。また併せて安芸国の屯倉《みやけ》をも献上して罪を贖った。物部大連尾輿も、事が自分に関わっていることを恐縮していくつかの屯倉を献上したという（右に紹介した斎宮譚から七十五年後のことなので、枳莒喩という名は安芸の豪族である廬城部〔五百木部、伊福部〕当主の襲名であろう。なお、一族の伊福部氏は銅鐸製造で知られる）。

ちなみにこの記録は『日本書紀』の巻十八・安閑天皇に掲載されているものだが、その冒頭は安閑天皇の御名で始まる。

「勾大兄広国押武金日天皇《まがりのおおえひろくにおしたけかなひのすめらみこと》は、男大迹天皇《をほどのすめらみこと》の長子なり。」

なんと安閑天皇の名は「勾」の字で始まるのだ。ということは『日本書紀』は、「勾」の字を忌んではいないということであろうか。それとも、「勾」は地名であって、地名由来の名であるからあえて変えずにいるということか。

ところで伊勢斎宮と聞くと、一般には今年五月のニュースが思い起こされるのではないか。


「皇室：伊勢神宮臨時祭主に黒田清子さん　式年遷宮に向け
伊勢神宮に関する事務をつかさどる神宮司庁（三重県伊勢市）は7日、神宮祭主を務める昭和天皇の四女、池田厚子さん（81）の補佐役として、天皇陛下の長女、黒田清子さん（43）が臨時神宮祭主に就任したと発表した。4月26日付。

伊勢神宮は20年に一度の式年遷宮を来年に控えている。池田さんは88年10月28日から祭主を務めており、鷹司尚武大宮司は『祭祀《さいし》の万全を期すため、遷宮が終わるまでの間、（黒田さんに）臨時神宮祭主として就任していただくことになりました』とコメントした。

黒田さんは、今月中にも奉告参拝を行う。

神宮祭主は、神宮の祭事を天皇陛下の代理として執り行う職で、陛下が皇族などから親任する。祭主が任じられるのは、伊勢神宮だけという。〔木村文彦〕」（毎日新聞中部

朝刊　二〇一二年五月八日）

黒田清子さんが就任された伊勢神宮の「祭主」は、本来は別の役職であるが、しばしば斎宮と混同される。

斎宮とは「さいぐう」「さいくう」「いつきのみや」「いわいのみや」などと訓み、元々は伊勢斎王の御所の呼び名であるが、後世には斎王そのものをそう呼ぶようにもなった。垂仁天皇紀に「天皇、倭姫命を以ちて御杖《みつえ》として天照大神に貢奉《たてまつ》りたまふ」とあるように、「御杖代《みつえしろ》」つまり「神意を受ける依り代」として奉仕する者である。おおよそ天皇の代ごとに新たに皇女の一人が選任され、南北朝時代まで続いた。

現在の「祭主」は、イメージ的には斎王・斎宮の臨時の復活でもあるだろう。神宮に常駐するわけではなく、重要祭祀の時に先導する者であるが、天皇の皇女から選任されることで、当初からの「御杖代」に近いものがある。

なお斎宮は、退下（退任）の後は、婚姻することもあった。また、退下の理由に「密通」があるところから、阿閉臣国見の讒言は、もしかするとそれを期待したものであったのかもしれない。

斎宮は特別な存在であった。とりわけ初期の斎宮はまさに最高神に仕える巫女であって、その斎宮にある者が処女懐胎して「石の胎児」を身籠ったという。なんと象徴的な事件だろう。

■丁字頭《ちょうじがしら》　勾玉は胎児曲玉の頂点

曲玉の独特の形を何ととらえるかは、時間とともに移り変わる。移り変わる過程で「巴」にもなり「月」にもなる。だから、多種多様な擬《なぞら》えはいずれも誤りではない。見る者が、そう見れば、それは正しい。

しかし本来の曲玉の意味は、「勾玉」という表記にこそ表れていたのかもしれない。元が胎児であるならば、玉で象った背骨の曲がっている姿。——これこそが「勾った玉」である。

はたして「勾」の字を充てたのが誰なのか、またどのような意図があってのことなのか、今となってはわからない。ただ、単純に考えると、どのような漢字を用いるかは、漢字を知る者に、まず「意味」を伝えなければならないだろう。その「意味」を汲み取って相応しい漢字が選ばれる。

ということは、『古事記』の前に「勾」の字を選んだ者にそういう意味のことが伝えられたということであろうか。

すなわち「曲がった骨」あるいは「屈肢葬」を思わせることを。それはまるで流された神「ヒルコ」のようだ。

古くは伊勢は「常世国《とこよのくに》」とされていた。あの世、幽世《かくりよ》であって、黄泉国《よみのくに》もそのうちにあるとされた。すなわち死の世界であって、人が行けば二度と帰ることのできない世界である。ヒルコはそういう常世に流されたのだ。流す際に顔に入れ墨をおこない魔除けとするなら、縄文の黥面《げいめん》の風習や、あるいは海人族の安曇目《あずみめ》の風習を思わせる。

だから漢字の選者は、強いて貶めるまでもなく、そのままで「勾」の字が該当すると考えた。奇しくも、卑字・凶字と解釈されかねない「勾」の字こそは、本来のまがたまを体現していたのだということになる。

しかし『日本書紀』の編纂者は、「勾」の字を嫌って、故意に直した。吉字・好字に置き換えるという言霊思想は、漢字を輸入してから間もなく日本人に発生している。

七一三年五月、「好字令」が発布された。正確には「畿内七道諸国郡郷名著好字」の詔《みことのり》という。『古事記』撰上が前年七一二年一月であるから、そのわずか一年四か月後には、「好い字」に替えよと勅命が出されているのだ。

『古事記』という形で人の目にふれるようになった結果として、卑字・凶字が少なからず用いられていることが指摘されたのであろう。漢字を能くする者がすべて中華思想を信奉するというわけでもないのだから、指摘する人は必ずいる。

この時に「倭」の意味も、また邪馬台国《やまとのくに》の「邪」の意味も、卑弥呼の「卑」の意味も学んだに違いない。これらの文字を用いて書き記した『古事記』は国の体面を汚すものである。これを世に出すことは到底許せるものではない。『古事記』が宮中の奥深くに秘されて門外不出となってしまった一因は、ここにあるのではないかと私は考えている。

だから急ぎこれに代わる国書が作られることとなった。その結果、わずか八年後の七二〇年には国書『日本書紀』が撰上されることとなったのだ。『倭書紀』ではなく『日本書紀』が。そしてここでは倭建命は日本武尊に改名していた。

『古事記』では八尺勾璁であったが、『日本書紀』では八坂瓊曲玉となっているのは、そういう背景がある。

しかし「まがたま」についてはことはそう単純ではないかもしれない。確かに「勾玉」から「曲玉」に替えられた。これは事実である。

しかし元が胎児であるならば、蘇る（夜見返る、黄泉帰る）という思想を「勾玉」という字には読み取ることができるのではないか。

ならば、丁字頭勾玉までは「勾玉」を用いて、それ以後の巴形等は「曲玉」の字を用いるのが妥当であるだろう。

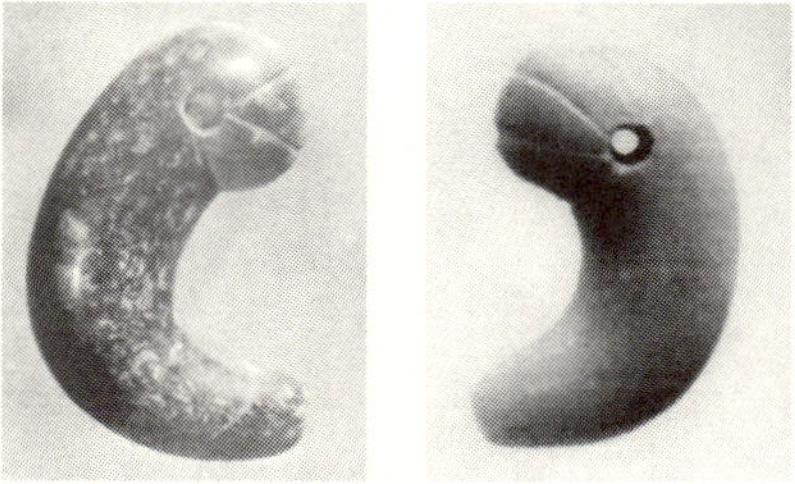
丁字頭勾玉／右・平原弥生古墳出土（2.96cm／ガラス製）。
左・石上神宮禁足地出土（5.30cm／翡翠硬玉製）

この独自の形、わが国だけの特異な造形が、巴や月であるという説はそれなりに説得力がある。また、最初からそれを意図して造られたものも実際少なくないだろう。現代において製作されるアクセサリーなどの曲玉は、その意図がはっきりしている。しかしいずれもはるか後世のものだ。

古式勾玉の石上タイプこそが原型であって、他はそれを目にした後の連想の産物であろう。だからといって、巴形や月形が誤りということにはならないとすでに述べた。曲玉にはそういう〝歴史〟が積み重なっているということなのだ。始まりは胎児であった。そして、やがて巴にも月にもなった。そういうことなのだ。


丁字頭勾玉は「土偶」であるのだろう。

正確に言うなら、素材が「土」ではなく「石」であるから「石偶」である。あるいは「玉偶」である。――しかし「どぐう」という名詞はすでに単独の名詞として定着しているので、石製の土偶、玉製の土偶でもよいのかもしれない。


巴形は、新しい形であって、これは似て非なるもの。古来の〝勾玉〟とは別物と言ってもよい。すなわち〝曲玉〟である。

丁字頭勾玉が全盛期となる古墳時代前期が、「勾玉」の終焉だろう。これ以後は、意味も造形もまったく変わる。洗練された造形は急速に「巴」形に近づき、本来の意味は忘却されていく。そして「曲玉」となるのだ。

縄文と弥生に連続性がないように、土偶と埴輪の間に連続性はないが、勾玉についてはそれが存在する。ただ、姿が、変わる。縄文期には人や様々な生物の胎児であったものが、人の胎児のみとなる。そして黥面という縄文の風習をまとって、縄文期の勾玉よりも縄文らしくなる。そしてその頂点で、大きさも素材も意匠もあらゆる意味で特別仕様に造られたものが第三の神器となった。それが八坂瓊勾玉である。——最後にこの字に戻しておこう。

第四章　三種の起源　四五〇〇年前の謎と、正統性の「保証」

■三種の神器の由来

さてここまで神器三種を個別に解析してきたが、それでは「三種」という〝セット〟にはいかなる意味があるのか。実ははるか古代にその起源はあって、皇室の「三種」にたどりつくまでにはまことに興味深い血脈がある。

そもそも神器の起源は、天孫降臨に際して邇邇藝命《ニニギノミコト》が天照大神《アマテラスオオミカミ》から授けられたものである。

『古事記』にはこうある。

これの鏡は、専《もは》ら吾が御魂《みたま》として、吾が前を拝《いは》ふがごとく斎《いつ》きまつれ。

（この鏡こそは、私の御魂として、私自身を祀るように仕えなさい）

『日本書紀』にはこうある。

吾が児、この宝鏡《たからのかがみ》を視まさむこと、当《まさ》に吾を視るがごとくすべし。与《とも》に床《ゆか》を同じくし殿《おほとの》を共《ひとつ》にして、斎鏡《いはひのかがみ》とすべし。

記・紀、とくに『日本書紀』は、いくつもの「家伝」を集めて朝廷が編纂した一種の「決定版」である。しかし原典資料となった家伝、つまり「一書《あるふみ》」は、いかなる理由によるのか後世にひとつも残らなかった。朝廷が没収して廃棄したとの説もあるが、証明も否定もできない。編纂者はいずれも克明に引用しているので、それらが存在していたことは確かだが、「一書にいわく」で部分的に知るしかない。

また『日本書紀』は完成とともに公表されている。完成までに長い年月を費やしているとはいうものの、個々の家伝の内容もまだ人々の記憶にあったであろう。ということは、いかに朝廷といえども、あからさまな創作は困難で、また本筋に相当する部分の改《かい》竄《ざん》も困難であったと推定される。せいぜいのところが、登場人物を増やしたり、備品の意義を強めてみたりといった程度であったろう。最も意図的な編集は掲載しないことであろうが。——なお、すでに述べたように『古事記』は、編纂されはしたものの、平安時代のある時期まで宮中深く秘されて外部に出ることがなかった。出せない理由があったからだろう。

ところで「神話」には、天《あめ》の岩屋戸《いわやど》から天照大神を招き出した時に使われた祭具が記されている。これは現在も神社神道の祭祀に用いられているものである。現代においてもなお、祭祀の原型は神話の中にあるのだ。祭祀の様式はもちろん、祝詞や巫女舞や神楽歌などほとんどが神代の手振りそのままに伝えられている。

その中に神棚を飾る「根こそぎの榊《さかき》」がある。根の付いたままの榊の木である。その上の枝に取り付けられたのが〈勾玉〉、下の枝には〈鏡〉が付けられて、これが八坂瓊勾玉《やさかにのまがたま》と八咫鏡《やたのかがみ》であるという。そしてどちらもこの祭りのために造られたと明記されている。それはすなわち、記・紀編纂者の基本思想であるだろう。

〈剣〉は、それより後のことになる。須佐之男命《スサノヲノミコト》がヤマタノオロチを退治するのは岩屋戸開きより後のことである。

この三種《みくさ》の神宝《かむだから》がスメラミコト（天皇）の存在証明である。初代の神武天皇以来、現在に至るまで代々継承される、わが国の究極の宝物である。

そして〈鏡〉は「同床共殿せよ」とアマテラスが厳命しているにもかかわらず、そうなっていないことはすでに述べた。実際には現在の皇居では〈剣〉と〈勾玉〉が同床共殿されており、鏡は離れた場所、宮中三殿の一つ賢所《かしこどころ》に祀《まつ》られている。そしてそこから持ち出されるようなこともない。つまりアマテラスの指示とは異なる対応になっている。しかも賢所の鏡は「分身」である。

なぜ三種の神器の取り扱いがそうなったのか、由縁は古く崇神《すじん》朝まで遡る。『日本書紀』には、しかるべき経緯と変遷があって今日に至るものと記されている。もう一度確認しておこう。

すなわち第十代・崇神《すじん》天皇の時、〈鏡〉と〈勾玉〉はその神威を畏れて、宮の外に移された。『日本書紀』はその理由を「祟《たた》り」としている。

その時、疫病により民の過半数が死亡し、百姓は流離し、謀反が起きた。さながら国家存亡の危機である。

これらの起因として宮中にあった特定の神を畏れ、宮の外に移らせたと『日本書紀』にある。神を遷すとは、その神の御霊代を遷すことである。――遷された御霊代とは三種である。

〈**鏡**〉は、豊鍬入姫《とよすきいりひめ》によって倭《やまと》の笠縫邑に遷し祀らせる。

これは後により相応しい鎮座地を求めて遷り行き、最終的に伊勢の五十鈴川の畔に達して皇大神宮（内宮）となる。

〈**勾玉**〉は、渟名城入姫《ぬなきいりひめ》に祀らせるが、痩せ衰えて祀ることができなくなり、倭の直の長尾市《ながおち》という者に祀らせ、天理の大和神社となる。

〈剣〉は、明確な記述はないが、おそらくは〈鏡〉とともに伊勢に遷されたと考えられる。というのは、後年ヤマトタケルに伊勢斎宮の倭姫命から授けられるので、当然ながらその時までには遷されていたということになり、遷されたと考えられる機会は〈鏡〉の時しかないからだ。

〈剣〉は、さらに後世、ヤマトタケルの手を経て熱田に祀られることになるが、祟り神が転じて、強力な魔力呪力を発揮している。〈剣〉はヤマトタケルによって活用されて、東征の武力の象徴となった。――ただ、その直後にヤマトタケルは若くして没することになる。これを「祟り」と指摘した記述がこれまでないのが不思議だが、論理的に考えてこの一連の流れの中ではやはり「祟り」ととらえられてしかるべきだろう。〈剣〉は伊勢の封印を解かれて確かに強力なパワーを発揮したが、その呪力はヤマトタケルをも巻き込んだととらえたか。

それゆえにヤマトタケルが没して後、形見の草薙剣はその地に手厚く祀られることになったとされる。それが熱田神宮である。

しかし〈剣〉は、熱田に鎮座して後に盗難に遭う。『日本書紀』の天智七（六六八）年にこんな記述がある。

「沙門道行、草薙剣を盗みて新羅《しらぎ》に逃げ向く。而して中路にて雨風流れ迷いて帰る。」

つまり〈剣〉は新羅の僧・道行に盗まれたが、犯人は逃げ切れなかった、というものだ。

道行は捕らえられたが、この時、剣は所在が行方不明になった。朝廷においては全国から情報を募ったところ、ようやく天武四（六七五）年に、土佐大神から神刀が献上されたとあり、どうやらそれが宝剣であったようだ。そしてそれは、そのまま宮中にとどめ置かれることになる。

しかし朱鳥元（六八六）年に、天武天皇の病を卜《うらな》ったところ、「草薙剣に祟《たた》れり。即日に、尾張国の熱田社に送り置く」（『日本書紀』）成り行きのままに宮中に祀っていたが、これを機に十年を経てまた熱田に行くこととなる。しかも天皇に祟りを為したゆえというのだから穏やかではない。天武帝はこの直後に崩御《ほうぎょ》する。

ちなみに、草薙剣をヤマタノオロチの体内から斬り出した剣は、スサノヲの佩刀《はいとう》・十握剣《とつかのつるぎ》であるが、これは石上神宮《いそのかみじんぐう》の神宝とされる。これを平安京へ無理矢理移し運んだために、それを命じた桓武《かんむ》天皇は祟りによって病を発し崩御する。（『日本後紀』）

〈剣〉の祟りによって、天武天皇と桓武天皇の二人までの天皇が崩御したと国史に録されているのはただごとではない。国史編纂者たちが、その「祟り」について思い当たる理由があったということなのだろう。因果関係があればこそ、無視できなかったに違いない。「祟り」という現象を信じるかどうかはともかくとして、「祟られても当然」と皆が考えるような事柄がこの〈剣〉の背景にはあったのだと思われる。

■祟り神から御霊信仰へ

わが国の古くからの信仰形態の特徴の一つは、滅亡させた敵対者を手篤く祀り、同時に怨霊となって祟りをなさぬように封じ込めるというものだ。

明治十七年、アメリカ人哲学者フェノロサは明治政府の命令書を持って法隆寺を訪れた。

同行したのは若き日の天心岡倉覚三、当時は文部省の図画取調掛として古社寺宝物調査を担当していた。

その時の目的は、夢殿の中央にそびえ立つ大厨子を開けさせることにあった。厨子には実に千二百年もの間秘仏として誰の目にも触れなかった像が納められているという。推古天皇の御代に、等身大の聖徳太子像として造られたと伝えられ、この厨子を開けると忽ち地震が起こり、この寺は崩壊するとも言い伝えられていた。

天心の『日本美術史』によれば、明治初年に廃仏毀釈の勢いに押されて途中まで開いたことがあったという。その際には突如雷鳴が轟いて落雷の恐怖に中断したとされている。

しかしここについに厨子は開かれた。

その中には綿布で幾重にも包まれた高さ七尺余のものがあり、その重なる布を解いて行くと途中で白紙が挟んである。これが明治初年に雷鳴への恐怖で中断されたところであった。

さらに解き開くと、実にその覆っていた白布の長さは五百ヤードに達したという。

そしてそこには驚くべき仏像があった。

これが国宝・救世観音像である。容貌は聖徳太子そのままに、姿形も等身大に、観音像として造られたというものがこれだ。

しかし、――「救世観音は呪いの人形《ひとかた》」とは梅原猛氏の言葉だ。その「呪い」は形となって今に伝わる。法隆寺を訪れて救世観音像を真横から見るがいい。そこにかつて何者かが為した恐るべき行為を見ることができる。光背が、観音像の後頭部に、大きな釘で深々と打ち付けられているのだ。

しかも、その手にある舎利瓶には、虐殺滅亡させられた太子の息子たちの骨が入っているといわれている。それが全身を五百ヤードもの長大な白布でぐるぐる巻きにして覆い隠され、廚子の中に永年月封じ込められていたのだ。――しかしこの像は聖徳太子ではない。太子は怨霊にはならず、救世観音像という人形に封印された怨霊は蘇我入鹿である（詳細は拙著『怨霊の古代史』参照）。法隆寺はその祟り鎮めのために建設されたものだ。大国主神の怨霊を出雲大社に封印したように、蘇我入鹿の怨霊も法隆寺に封印し、ともに国家守護の聖地とした。

■祟り神から守護神へ

祟り神は、祀ることによってかえって守護となる。日本人はそう考え、それを実行して来た。これを御霊《ごりょう》信仰という。そもそも神社祭祀は、祟り神の霊力を受け継ぐための方法であったのかもしれない。

御霊信仰は、三種の神器の思想そのものである。滅ぼした敵の宝器を取り込むということは、その霊力を取り込むということに他ならない。

冒頭に示したように「三種は祟った」と『日本書紀』に明記されている。だから宮の外に遷して、より手厚く祀ることとしたのだという。

しかしそれならば、なぜ祟るのか。「三種」ともに「滅ぼした敵の宝器」だったのか。少なくとも〈勾玉〉と〈剣〉はそういうことであろう。

しかし〈鏡〉は、皇祖神・天照大神の御霊代である。皇祖神が、皇統に祟るとはいかなることか。

崇神天皇は、その御代に直面した国家存亡の危機を「皇祖の祟り」であると考えたということになる。だから外に遷し祀らせた。

ならばアマテラス神も、他と同様に〝滅ぼした敵の王〟なのだろうか。

否、——記・紀の記述から考えて、八咫鏡がアマテラス神の御霊代であることは疑いようがない。また、アマテラス神が皇祖であることも疑いようがない。

ここで疑うべきは、そういったことではなく、皇祖神が天皇もしくはその御代に祟りを為したのは何故か、ということであろう。もしくは、皇祖神に祟られたと崇神天皇が受け止めたのは何故か、ということである。

崇神天皇の御代、およびそれ以前も含めて、宮中において「三種」がどのように祀られてきたか（どのような祭祀がおこなわれていたか）不明である。しかしこの時の経緯から考えるとそれは〝不十分〟であったのではないか。

現在、宮中三殿において日々の勤めは内掌典によっておこなわれている。むろん祭主は天皇であるが、天皇には神事以外にも多くの公務があって、神殿への奉仕は限られている。現実的には天皇みずから祭典をおこなうのは大祭のみであって、それ以外の小祭は掌典長が祭典をおこない、天皇は拝礼のみとしている。

かつての宮中祭祀もこれと同様であったのではないか。その奉仕の仕方が「本体」には不足であったと、崇神天皇は考えたのであろうか。それゆえ、一つの神に一人の皇女を専従させて、単独の社殿（宮）を設けて懇切に祀ることで、神意に沿うとの考えに至ったということか。

たまさか、八咫鏡に専従した豊鍬入姫《とよすきいりひめ》は、倭《やまと》の笠縫邑を始めとして長く遷御に従い、伊勢の五十鈴川の畔に鎮座して後も、倭姫と交替するまで奉仕して、祟りを受けるようなことは終生なかった。

日本の神は、手厚く祀れば守護神となり、祀りをおろそかにすれば祟り神となるのだ。

この〝性格〟をわきまえてぬかりなく祭祀をおこなうのが神社神道の思想である。そしてその道に外れれば、たとえ皇祖神であっても祟るのだ。それを崇神帝は示したということであるだろう。

なお、敵の宝器を取り込むということは、その霊力をも取り込むということに他ならない。もし怖れて避けるのだけが目的であるならば、完全に封じ込めるだけでよい。なにも自らの宝器の一つに数えたり、それを代々受け継いだりする必要はまったくない。

■かつて別の「三種」があった

ところで神器は、第十代・崇神天皇の御代にはまだ二種であったと考えられる〈神器と呼ばず、ただ神宝であった可能性が高い〉。

初代・神武天皇が即位した際に神器が〈鏡〉と〈剣〉の二種であり、以後もとくに〈玉〉について触れられた記述はない。

神祇令によれば、践祚《せんそ》にあたり、中臣《なかとみ》氏が天神《あまつかみ》の寿詞《よごと》を奏上し、忌部《いんべ》氏が〈鏡〉と〈剣〉を奉呈すると定められている。つまり、〈玉〉は含まれていないのだ。

ただ、記・紀にはある時点から神器は「三種」であると明記される。記・紀の編纂を発意したのは誰か。天武天皇によることは歴史の事実である。そして神器が三種になったのも天武天皇の御代である。

しかし、実は記・紀のさらに以前にも「三種」の時代があって、それは「別の三種」であったのではないかと私は推測している。正確には「一種」が別物で構成される三種である。

その三種とは〈鐸《たく》〉〈剣〉〈鏡〉である。剣は矛・戈の場合もある。

素材はすべて銅製であるので「銅」を冠して呼ぶのが通例で、すなわち、銅鐸、銅剣、銅鏡である。私たちに馴染みの考古遺物だ。

ひとしなみに「銅」であることには、当然意味があって、もしここに一つだけ異なる素材の宝器が加わるならば、「異文化」の統合の証しと考えるのが自然の帰結というものであるだろう。

しかしこの「三種」はすべて青銅製であって、しかも複製や仿製ではなくオリジナルの銅鐸、銅剣、銅鏡であるならば、文化の均一性を示していることになる。銅鐸は紀元前二世紀から紀元後二世紀までの約四百年間現れて突然歴史から消え去る。つまりその期間限定の王権が存在したということだろう。

しかし周知のように「銅鐸」は「謎の遺物」とされていて、『古事記』にも『日本書紀』にもまったく登場しないし、いまだにその用途などは解明されていない。記・紀とは無関係の謎の時代・謎の文化が存在したのだ。

「銅鐸」は、日本人には常識ともいうべき遺物だが、日本人以外の人たちはまったく知らないと言っても過言ではない。ちょうど私たちが「前方後円墳」という言葉を自然に口にするように「銅鐸」にも小中学生の時から馴染んでいる。

前方後円墳という特異な形状の古墳は日本全国に約三五〇〇基あるが、中国にも朝鮮にもこの形状の古墳はほとんどない（韓国・朝鮮に十基のみ）。

同じように「銅鐸」も、約五〇〇個発見されているが、中国・朝鮮にはない。

確かに同じものはないのだが、どちらも原型は古代中国にある。

銅鐸は、古くは中に「舌《ぜつ》」と呼ばれる棒状のものがぶら下げられていて、全体を振って鳴らすようになっていた。

このタイプのものを中国では「鈴《れい》」と呼んでいた（「すず」ではない）が、日本ではなぜか「鐸《たく》」と呼んだ。

鐸は上部に取っ手が付いていて、これを掴んで振って鳴らすものだ。つまりハンド・ベルである。

そして鈴《れい》には、取っ手の代わりに紐を通す耳があって、吊り下げて揺らして鳴らす。

この青銅製の鈴《れい》こそは、日本の銅鐸の原型である。

そしてその発生は周王朝であった（付属物としての鈴《れい》は殷の時代に発生しているが、単独での鈴《れい》は周代）。

周では、朝廷の重要な祭祀においては特に大がかりに用いられていたという。余韻のある響きはまさに神韻縹渺《しんいんひょうびょう》で、天を祀るような重要な儀式においては不可欠の祭器であったろう。

これが日本でどのように用いられたのかは、まったくわかっていない。まったく記録がないので、ただ想像するばかりである。

なにしろこれほどの遺物について『古事記』にも『日本書紀』にも『風土記』にも何の記述もないのだ。約四〇〇年間にわたって五〇〇個以上造られてきた祭器について（現在までに発掘発見されたのが五〇〇個ということで、今後も発掘は続くであろう）、なんの記述もないのはきわめて不可解だ。「銅鏡」と「銅剣」については詳細に記されているが、「銅鐸」についての記述は皆無である。

これは異常事態というものだろう。

しかし記・紀の成立が八世紀であることを思えば、すでに三世紀初頭には地上から完全に消え失せていた銅鐸のことは、五百年以上が経過して、人々の記憶から消し去られていたのかもしれない。

ただ、現在までに日本各地から出土している五〇〇個もの銅鐸が、かつて人々の脳裏に刻んだ刻印はきわめて印象的であったのではないか。なにしろあの造形だ。他に似ているものがまったくないという、きわめて特異なオブジェは、代々語り継ぐに値するものだろう。しかも、おそらくは「聖なる器」であったはずで、なによりも大切にされていたに違いないのだから。

そう考えると、人々の記憶から簡単に失われるとは考えにくく、たとえ禁じられても代々語り継いだであろうことは想像に難《かた》くない。

また、消え去ってからの五〇〇年間にも、偶然に発掘されたりしたことがまったくなかったとも思えない。発掘されても絶対的な「禁忌《タブー》」であるがゆえに、あわてて埋め戻されたとも考えられる。

とすれば、記・紀には意図的に記されなかったとすべきかもしれない。それならば、その意図は何か。

私の仮説は、宗教革命である。二世紀後半から三世紀初頭にかけて、この国には宗教革命、祭祀革命があった。すなわち、銅鐸祭祀から銅鏡祭祀への革命である。

五〇〇個の銅鐸の発掘分布と製作年代を見ると、いつ頃どの辺りに始まって、どういう経路で発展・移動したかがわかる。今後も新たな発掘があって多少の変化はあるかもしれないが、すでに発掘されている事実が消えるわけではないので、ここで概観しておこう。

製作年代は紀元前二世紀から後二世紀までのおよそ四〇〇年間。

そして九州から始まり、近畿で全盛期を迎えて、中部・関東で終息している。

発掘数の多い地域は以下。なお、最新の統計データというものは存在しないので、文化庁調査（平成十三年）など、いくつかの資料を総合して筆者が積算した。

兵庫県　五六個（淡路島のみで一五個）
島根県　五四個
静岡県　四六個
徳島県　四二個
滋賀県　四一個
和歌山県　四一個
愛知県　三六個
その他　一八〇個余

銅鐸は江南の呉人が前二世紀に渡来して伝えたものと私は考えている。呉は、祖王の太伯が周王家を出て建国したものだが、銅鐸の原型ともいうべきものは周の祭器である。それが紀元前二世紀に海を渡り、出雲にもたらされたのが始まりだろう。

ちなみに呉人の集団的な渡来は何度かあったと推測されるが、直接東に向かって鹿児島の大隅半島に上陸した集団と、陸地沿いに北上してから海を渡り出雲に上陸した集団があったと思われる。そして、出雲へは「鐸」を、大隅へは「鏡」をもたらした。

以後は渡来した呉人あるいは越人みずからの手によって、独自のアレンジを加えつつ造られることになる。

当初は後の銅鐸とはだいぶ趣を異にするものであったと考えられる。おそらくは小型で紋様などの装飾はほとんどなく、そして中舌があったであろう。振って鳴らす小型の鐘、ハンド・ベルであったと考えられる。

ここから、日本の銅鐸の歴史が始まるのだ。以後四〇〇年にわたる銅鐸祭祀が、王権の象徴的なイベントとしておこなわれることになる。

なお、鹿児島・宮崎からは銅鐸の出土はいまのところ見られない。いずれ発掘例があるかもしれないが、それでも現況から考えて少数に留まることだろう。

南九州に呉からもたらされたものは銅鐸ではなく銅鏡である。オオヒルメが印・鎰《いつ》とともに鏡も持参した（拙著『ヒルコ』参照）。そしてその子孫が後のヤマト朝廷を打ち立てることになる。

その結果、二世紀の後半には、「銅鏡」を祭器とする政権が主導権をつかんだ。この瞬間に、出雲・摂津地域を中心としていた政権は、約四〇〇年の統治に終止符を打ったのだ。そして臣下に組み込まれた。

「銅鐸」を用いた祭祀がどのようなものであったかは今はまだ判然としないが、少なくともその後の神道祭祀とは一線を画するものだろう。

海人族（呉人が中心）が南九州に持ち込んだ民族宗教は古代道教であったろうと推測されるが、そのエッセンスは神道にも吸収・継承されている。しかし「銅鐸」とともにあった宗教は行方不明である。

ただ、銅鐸文化とともにその担い手たちが滅ぼされたわけではなく、むしろ統合され、支配下に入ったと考えたほうが妥当だろう。

銅鐸の消滅について、異教の外敵が攻めて来たので、あわてて隠した、そして征討・占領された——という類の説があるが、これは当たらない。

発掘状況はおおむね全国共通で、整然と埋納されており、乱れた様子はない。また、いずれも深さ数十センチメートル程度の比較的浅い穴を掘って整然と横たえてある。これは、祭祀で用いる時以外は土中に蔵していたと理解して良いだろう。そして、銅鐸祭祀を禁止されたために、埋納されたままになったのであろう。

銅鐸を製造していたのは伊福部氏（廬城部・五百木部）であった。彼らがニギハヤヒの裔であるというのも一つの証左になっている。ニギハヤヒに始まる一族こそは銅鐸祭祀の一族であろう。

そして「銅鐸」は「勾玉」に置き換えられたのだ。しかし、主役は「鏡」となって、「勾玉」は「鐸」に取って代わることはなかった。

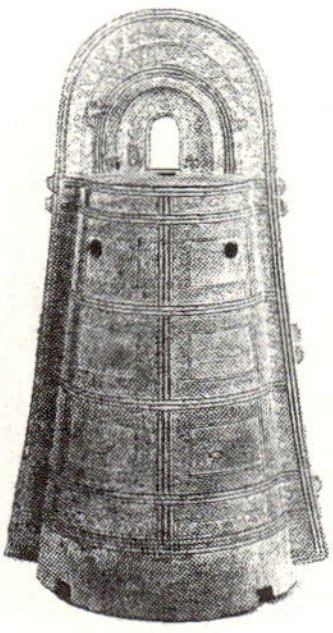

三遠式銅鐸

■玉琮《ぎよくそう》、玉璧《ぎよくへき》、玉鉞《ぎよくえつ》は王権の証し

「三種の神器」（さんしゅのじんぎ、みくさのかんだから）という思想・システムそのものが天武帝によって発想されたと先に述べたが、その原型は古代中国にある。「天文・遁甲に能《よ》し」という天武天皇が、それに倣って独自の組み合わせを発案し、論理構築したものだ。

「三種による王権の象徴（三種の王器）」の起源は、紀元前四五〇〇年頃ときわめて古く、判明している限りでも、黄河文明よりさらに古い揚子江文明に発する。つまり世界最古の文明に、すでにその形式があったということになる。それを良渚《りようしよ》文化という。都市国家として最古であったが、長江の氾濫洪水によって滅亡した。

これは近年の考古学調査によって明らかになったことで、この後に中国最初の王朝として歴史学的にも認知されている夏《か》王朝が誕生する。夏は良渚をそのまま受け継いでいるとされる。

良渚文化の発掘調査は驚くべき成果をもたらした。紀元前四五〇〇年頃に始まるこの国家は、すでに「都城」を持っていたのだ。そしてその王宮に当たる場所から大量の玉製品が発掘された。古来中国では玉は「魂が宿る聖なる石」である。そしてその原点が良渚文化にあったのだ。

発掘されたのは玉を精密に加工して造られた「三種の王器」である。しかもそこには古代道教の思想が体現されていた。

王権を象徴する三種の王器とは玉琮《ぎょくそう》、玉璧《ぎょくへき》、玉鉞《ぎょくえつ》である。

〈玉琮〉は、外型は方、内型は円という造りの筒型の玉器で、王の権力を象徴する。ここに「天円地《てんえんち》方《ほう》」の思想がすでに見られる。天空は円形であり、大地は方形であるという哲学こそは、古代道教《タオ》の宇宙観である。玉琮には「宇宙を自らの掌につかむ」というシンボリックな意味合いがあったのであろう。四隅の外観には神獣が彫り込まれているが、さすがにまだ四神すなわち青龍・白虎・朱雀・玄武ではない。

〈玉璧〉は、中央に穴の空いた円盤型の玉器で、天を象《かたど》ったもので、富の象徴でもある。通貨の原型とされる。

玉琮

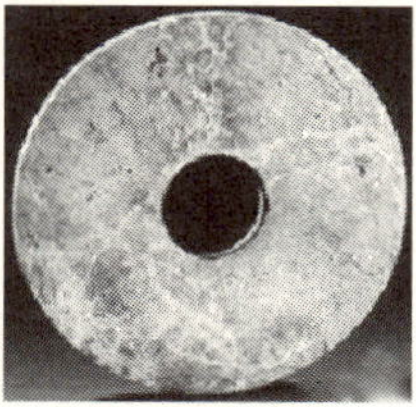
玉璧

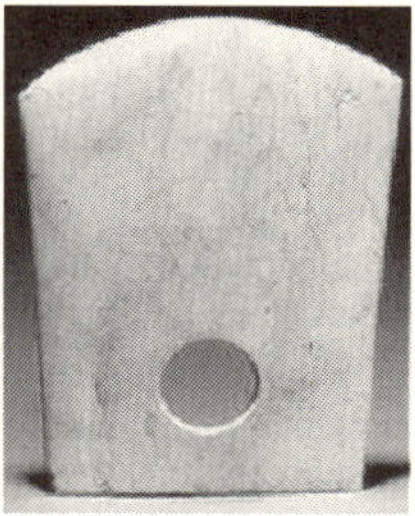
玉鉞

〈玉鉞〉は、斧の形をした玉器で、軍事統帥権の象徴である。鉞《えつ》とはマサカリのことだ。

これら三種が象徴しているものは「政治」「経済」「軍事」であるのは言うまでもない。

■天武《てんむ》天皇と道教思想

天武帝は「天文・遁甲を能くした」とは書紀の記述だ。これは言葉を換えれば古代道教・神仙思想に通暁していたということである。歴代天皇でこのようなプロフィールが紹介されているのは天武帝ただ一人である。

そして道教の陰陽五行説を主軸とした部分を採用したのがわが国の「陰陽道《おんみようどう》」である。陰陽道は天武天皇によって確立されたものだが、在世中それを基盤に多くの功績を挙げた。独自の論理体系は、様々な政治文化の施策として結実し、その後の日本国家の基軸を決定付けた。それがいかに巨大かは、もってまわった言い方をするよりも単純に列挙したほうがわかりやすいだろう。

①藤原京を計画立案（わが国最初の本格的な都城）
②陰陽寮・占星台を設置（最新の科学技術である暦や天文の導入）
③八色《やくさ》の姓《かばね》を制定（新たな身分制度による統治）

④飛鳥浄御原律令《あすかのきよみはらりつりょう》を制定（わが国最初の体系的な律令法）
⑤『古事記』『日本書紀』の編纂（ともに天武帝が命じたわが国最初の国書・歴史書）
⑥三種の神器《じんぎ》を制定（王権皇位の制度化）
⑦践祚大嘗祭《せんそだいじょうさい》を制定（天皇を現人神として特別の存在とするための祭祀）
⑧伊勢の遷宮《せんぐう》を創始（再生と継続の永久循環思想の実践告知）
⑨天皇の称号を制定（唐に従属しない独立国家の証し）

これらは主なものだけだが、後の歴史的文化的影響の大きさから、とくに私は「九つの偉業」と呼んでいる。概観しただけで、いかにわが国の歴史において天武帝の果たした役割が巨大であるかわかるだろう。

この事実が示すのは、私たちの認識している「日本国家」「日本文化」というもののコンセプトは、天武帝によって創られたものであるということだ。

第四十代天皇、漢風諡号《しごう》は天武天皇《てんむてんのう》、和風諡号は天渟中原瀛真人天皇《あまのぬなはらおきのまひとのすめらみこと》。『万葉集』には明日香清御原宮（御宇）天皇とある。諱《いみな》は大海人《おおしあま》。凡海《おおしあま》氏の養育を受けたことに拠るもので、即位するまで大海人皇子と呼ばれた（即位して以後は名を呼ばれることはない）。『日本書紀』に歴代天皇で唯一上下巻を費やして克明な事績が記されているが、前半生には謎が多い。とりわけ天智帝との関わりや、壬申の乱については複雑で歴史的にも重要であるのだが、本書のテーマに直結しないのでここではとくに論じない。

わが国のマツリゴト（祭祀・政事）は道教《タオ》に起源する。天皇号そのものの起源が道教の「天皇大帝」であることは言うまでもないが、皇室の祭祀のほとんどは古代道教《タオ》に起源し、これは現在もなお宮中祭祀や伊勢の祭祀に連綿と受け継がれている。

とりわけ究極の大祭、天皇としての一世一度の大祭である践祚大嘗祭は、「封禅《ほうぜん》」に発する。簡単に言えば、践祚大嘗祭によって初めて天皇となるのだが、それは人から神へシフトすることを意味する。「天皇」という新たな称号を、最高度に権威付けるためのシステムと言ってもよい。

古代中国ではそれは天子たる者の資格であったが、さすがに後世は、天子みずからの取り組みも希薄になっていく。少なくとも封禅の儀をみずから執りおこなった皇帝は、誰よりも通暁していたはずであるが、数人をかぞえるのみであった。史実として確認されているのは秦の始皇帝、漢の武帝、後漢の光武帝、唐の高祖、玄宗など。他には確認できない。

「封禅」とは、山東省の泰山でおこなわれた究極の国家祭祀のことである。「封」は、山頂でおこなう天の祭祀、「禅」は、山麓でおこなう地の祭祀、このワン・セットで「封禅」となる。地の支配者となった者は、一世一度の大祭である封禅をおこなうことによって、不死登仙に至る天への一歩を踏み出したとされた。

封禅は皇帝唯一人によって執りおこなわれる秘儀であって、誰人の補助補佐も受けることはできない。つまり自身で知り、自身で実践できなければ封禅たりえないということである。

天武帝が、王権の象徴＝皇位の証しとして「三種の神器」を定め、自らの体現として「玉」を設定したのはきわめて当然の成り行きであるだろう。

「玉」は天武帝のことであり、スメラミコトの存在する場所を「玉座」と呼び、究極はスメラミコトそのものを「玉」と呼ばせた。

現在でも天皇の御身体は「玉体」である。つまり天皇の権威の文化的確立は、天武帝に始まるのだ。

なお、わが国の大型古墳からは多かれ少なかれ「三種」の遺物が出土する。それが前方後円墳の興亡と重なるのも思想的なつながりを示唆しているだろう。

■「天動説」の真理

ところで先の「玉琮」でも触れたように、古代道教、陰陽道の宇宙観は「天円地方《てんえんちほう》」という。

そのまま字義通りで、天は円形であり、大地は方形である、ということだ。

しかし、天が丸くて、大地が四角い、とは何を意味するのか。

これは「天動説」である。すなわち、「円形の天空」とは「回転」つまり「動」を表している。

これに対して「方形の大地」とは「不動」であって「静」を表す。

言うまでもなく、天動説は科学的物理的には誤りだ。しかし、誤解を恐れずに言うならば、観念的心理的には正しい。

かつて天動説も地動説も検証できなかった時代に、天を観てわかることがあった。大地を基にすれば、天空に移動する惑星の位置によって発生する影響はある程度観測できるのだ。そしてついにはその規則性を見出すことができた。

ところが、地球は太陽の周りを回っていることが判明して以来、太陽と地球、太陽と各惑星の関係に視点がシフトして、その観念にとらわれ、太陽中心の論理に変換してしまう。これで、見えるものも見えなくなった。

太陽および全惑星の引力が、地球にどのように影響するかを観るためには、地球を中心に太陽系の構図をとらえなければならない。極論すれば、太陽を中心に惑星が周回しているという構図は何の役にも立たないばかりか、むしろ障害でしかないと言える。

これまでの天動説が誤りであることは実証されているが、単純に「地球は動いている」という意味での地動説は完全には証明されていないし、単純に「地球は不動である」という意味での天動説も完全には否定されていない。

太陽系の惑星は、太陽の引力によってとらえられていて、太陽を中心に軌道を描いて回っているが、実はその太陽も不動ではない。さらに大きな引力によって太陽系自体がとらえられて決まった軌道上を回っているということである。

また、さらにその論理をすすめて行くと、地球が不動である可能性も否定はできない。つまり全宇宙の中で、どこが〝不動〟なのか、誰にもわからないということなのである。もしかすると、地球だけが不動で、それ以外のすべての宇宙は動いている、という可能性さえもないわけではない。それが、真摯な科学的姿勢というものである。

ただ、常識的に考えて、地球の公転も自転も〝不動〟と考えるには無理があるのは否めない。それを承知の上で、あえて私は天動説を標榜したい。地動説は私たちには何の意味もないが、それに比べて天動説は本当に必要な判断をもたらしてくれる。私たち人類の大多数が、地球以外のどこかで生きる可能性はほぼないに等しい以上、天が動くか、地が動くかは、日常性や現実性の尺度で決めてもよいだろう。地動説は、ほんの一握りの研究者に任せておけばよい。私たちに必要なのは、日々の暮らしに役立つ科学である。すなわち天は円形であり、大地は方形であるのだ。

——だから宮都は方形に設計された。邸宅も方形に設計された。いずれも「不動の大地」を表している。

■前方後円墳の思想

全国に古墳とされるものは一〇万を超えるという。

しかし中でも規模が大きく、考古学的にも重要と考えられるものはそう多くはない。

そしてそのほとんどは天皇陵か、それに準ずるものである。宮内庁は「陵墓」についてこう概説している。

「近畿地方を中心として、北は山形県から南は鹿児島県まで一都二府三〇県にわたり、陵一八八、墓五五二のほか、分骨所・火葬塚・灰塚など陵に準ずるもの四二、髪歯爪塔など六八、陵墓参考地四六があり、総計八九六に及んでいます。箇所数としては、同域のものもあるので、四五八箇所となります。

形状は、時代によって異なりますが、古くは円墳や前方後円墳などの高塚式の広大なものが多く、なかでも仁徳天皇陵（大阪府堺市大仙町）は三重堀を巡らした前方後円墳で、面積約四六万四千平方メートルを有する最大規模のものです。

薄葬思想や仏教の影響により火葬も行われたことから陵墓の規模は次第に小さくなり、平安時代末期からは法華堂・多宝塔・石塔などを用いて寺院内に葬ることが多くなり、孝明天皇陵からは円丘や上円下方の高塚式となっています。」

皇室典範第27条に「陵墓」は以下のように定められている。

ア　陵——天皇・皇后・太皇太后・皇太后を葬る所
イ　墓——その他の皇族を葬る所
ウ　陵籍・墓籍——陵と墓に関する事項を登録するもの

ちなみに陵《りょう》は「みささぎ」とも読み、いずれもすべて宮内庁書陵部により管理されている。

これらの大型墳墓、とりわけわが国独自に発達した「前方後円墳」のユニークな形は、ひとえに道教《タオ》の思想によっている。

前方後円墳が初めて造られたのは紀元三世紀まで遡る。以後三〇〇年ほどの間に全国各地に築造され、現存するものだけでおおよそ三五〇〇基にも及ぶ。宮内庁書陵部の管理下にあるのは、このうちの一部である。また、日本以外では韓国にのみ一〇基見られるが、おそらくは日本との関わりによって築造されたものだろう。

前方後円墳の規模は雄大であり、最大級になると、大山《だいせん》古墳（伝・仁徳陵）で長径約四八六メートルに及ぶ（周濠まで含めると約九〇〇メートル）。ギゼ＝クフ王のピラミッドが底辺約二三〇メートルであることを思えば、これは尋常ではない。

しかもそれに近い規模の墳墓は少数ではないのだ。陰宅風水（墓所）を陽宅風水（住宅）よりも優先し重視する中国や朝鮮でも、このような墳墓はついに造られることはなかった。日本だけに、道教の明確な痕跡が、これほど巨大な証左として大量に存在するのである。

それでは、前方後円墳に示されている「道教の証左」とは何か。

それこそは「天円地方」である。

天皇即位の一世一度の大祭である践祚大嘗祭は、当初ここでおこなわれていたと私は推定している。

崩御された天皇は後円部中央の玄室に埋葬されている。

もがりも明けて、皇太子は、新たに次の天皇として即位するための儀式をおこなわなければならない。

深夜、すべての燈火を消し、星明かりと月明かりの中で、皇太子は後円部の頂上に上り、祝詞を奏上し、地に額《ぬか》ずく。これが、前王の霊威を受け継ぐ「天津日嗣《あまつひつぎ》」である。「日」は「靈」でもある。すなわち、天津日嗣とは、「靈嗣《ひつぎ》」でもあり、前天皇の位を受け継ぐとともに、その霊威を受け継ぐことである。そして、それを「天」に奉告する。

後円部に額ずいた時、地中の前天皇の霊位と、地上の新天皇の玉体と、頭上の天とが垂直につながるのである。

ここで新天皇は、さらに「日嗣の儀式」をおこなったと思われる。そしてこれが、践祚大嘗祭の原型であったろうと、私は推定している。

中国皇帝の究極の儀式である封禅《ほうぜん》は、皇帝が唯一人で泰山に登頂しておこなわれる秘儀であった。漢の武帝は、山麓で礼を尽くしてから、供の者を一人だけ連れて登頂し儀式をおこなったと記録にある。しかし山頂での儀式については関連文書はすべて処分され、消された痕跡のみがあるばかりで、儀式の内容はまったくわからない。

わが国の践祚大嘗祭は後に宮中神殿にておこなわれるようになるが、これも儀式の内容はまったくわからない。文字通りの秘儀である。

なお、前方後円墳の後円部において日嗣が終わるのは夜明けである。

その時、新天皇は前方部に降り立ち、ここに即位したことを宣言する。

「円＝天」において神霊を受け継ぎ、「方＝地」において即位を宣言する。

これが「天孫降臨」であり「天降り」の儀式次第である。

現存する前方後円墳は、ほとんどすべてが繁茂する樹木に被われていて〝素肌〟は見えない。築造から一六〇〇年前後経っているので当然のことなのだが、しかし元々は表面は葺き石で隈なく被われていて、樹木はまったくなかった。儀式の舞台として造られているのであるから、当初は草一本ないと考えて間違いない。

なお、明治天皇、大正天皇、昭和天皇の陵《みささぎ》は、上円下方墳である。まさに「天円地方」思想を、そのままに象った様式である。

道教の技術の一つである地理風水は本来は墓所の選定をおこなうものだが、神体山や神社（古社）の原形となっている。つまり「祖山《そざん》（気の発するみなもと）」と「龍穴《りゅうけつ》（気が噴き出すところ）」をそれぞれ神となるものの墓としたのである。

しかし実は、いずれも地理的条件さえ整えば人工的に築造するという方法がある。前方後円墳は、その手法によって築造されたと私は考えている。

つまり地理風水によって最良の墓所として選定され、宇宙のミニチュアとして設計され、かつ一世一度の大嘗祭の舞台とし、かつ次の宮都の守護となる、――それが前方後円墳なのである。

前方後円墳には、重要な特徴がまだある。

一つは、前方後円墳から被葬者が「北枕」になることである。それ以前にはわが国には北枕の風習はほとんどない。しかし道教においては古来定着している風習である。

さらにもう一つ、これはきわめて重要な特徴であるが、副葬品に、鏡と玉と剣の「三点セット」が必ず納められていることである。

森浩一氏の指摘によれば、「弥生時代の大和には、墓の中に鏡を入れた例が一つもない」という。「まして、鏡・玉・武器などを一緒にして墓に入れるなどという風習がない」という。この考古学的知見はきわめて重要である。

「地域を広げて、大阪府、京都府南部、つまり律令時代の畿内を考えても、墓に鏡を副葬した弥生時代の例はない。ところが、次の古墳時代にはいると、突然といってよいほど、たいていの前期古墳には鏡やら勾玉やら鉄製の武器が入ってくる。多い場合は、二

○枚も三〇枚もの鏡を墓に入れている。

それに対して、九州のほう、とくに福岡県と佐賀県は、弥生時代の中ごろから墓に鏡と玉と銅製や鉄製の武器などを入れるのは支配者層の人びとの厳然とした風習になっていた。つまり、近畿よりも三〇〇年も前から鏡などを使っているし、また墓へ入れる風習が確認できる。」（森浩一『古代史の窓』新潮社）

大規模な前方後円墳はそのほとんどが畿内周辺に集中している。そしてその始まりこそが古墳時代の始まりである。

■地上に現れた「三種の神器」

古代国家において祭祀がいかに重要なものであったか、すでにおわかりのことと思う。極言すれば、祭祀そのものが古代の政治であったとさえ言えるだろう。そして武力は、祭祀に従属するものであった。武力で統治・支配できないものが、祭祀によって可能であった。そういう時代なのである。

とすれば、古く重要な祭祀史跡のあるところが、同時に国家の中枢があったところになる。

またその国家の最重要人物の墓は、当時としては最も規模が大きく、現在になお隠しきれないだけの痕跡を残していなければならない。そしてこれも国家のあったところに築かれているはずである。無関係な、かけ離れた場所にあるはずがない。

したがって古墳時代においては畿内が中心地であったことは間違いない。そしてそれがいわゆる「大和政権」であるだろう。

しかしその前の弥生時代は、畿内は中心地ではなく、九州北半部であろう。そしてそれが「倭国連合」であるだろう（＊「倭《やまと》」の字は使いたくないが、慣例に従う）。

その倭国連合の中心勢力である邪馬台国は、祭祀史跡たる御許山、およびヒミコの墳墓であり前方後円墳たる（しかも最古の）小椋山を含むエリアであろうと考えられる。

ただ、「含む」とはいっても、邪馬台国がどこまでの広がりをもっていたのかはおおいに検討の余地がある。おそらく統治範囲は固定したものではなく、わりあい短期間のうちに拡大・縮小があったのではないかと思われる。

ヒミコが女王として君臨する前後に大乱があったという『魏志』の「倭人伝」の記事からもそれは推測されるが、とくにヒミコの死期にあたるときの争乱は、ヒミコの宮殿近くまで攻め込まれた敗け戦であったのではないかと私は想像している。危機感を募らせたヒミコは魏に支援を求めたものであろうし、またすでにかなりの老齢になっていたため失意のうちに死亡したのであろう。『魏志』の「倭人伝」の行間にはそういった経緯が読み取れる。

そしてヒミコは「石棺」に葬られた。これが宇佐神宮二之御殿下の石棺であろう（拙著『卑弥呼の墓』参照）。

ところが当時の墓は一般的に甕棺である。これは吉野ヶ里遺跡でも大量に発掘され、他の遺跡にも共通の特徴であるから、周知のことだ。

しかし同時期の九州地域の大規模古墳に共通するのは、当時の支配階級は石棺に葬られているということである。これも周知である。これは何を意味するか。

甕棺は南方系の習俗であり、石棺は北方系の習俗であることは、考古学的には常識といってよい。ということは支配階級と一般とでは、埋葬のスタイルがまるで別の血統を示していることになる。

また、この当時の九州の古墳からは森浩一氏が指摘するように鏡・玉・剣の三点セットが当たり前のように出土する。未発掘のヒミコの石棺からも、三点セットの出てくる可能性はきわめて高い。

しかし、近畿地方の古墳からこれらが出土するようになるのは、はるかにこの後三〇〇年を経過しなければならない。弥生時代の九州では当たり前であった慣習が近畿地方には皆無であって、古墳時代つまり前方後円墳になって突然すべての近畿地方の大規模古墳から副葬品として三点セットが出土することになる。

これは「三点セット文化」が九州北半部に定着していて、後に近畿地方へ伝播したことを物語るものであろう。

そしてもちろん、「三点セット」とは、「三種の神器」と同じ独特の組み合わせである。

そしておそらく、祭祀に三点セットを本格的に使った最初の人物がヒミコなのではないかと私は推測している。

『後漢書』では「鬼神道」と形容され、『三国志』では「鬼道」と形容され、わが国の研究者からは等しく「シャーマニズム」と形容されているヒミコの祭祀は、より具体性を示せば次のようなものであったと思われる。

「地理風水」によって聖地・霊地を見出し、その地を祭祀場（＝神籬《ひもろぎ》）または王墓（＝磐座《いわくら》）となし、そこで祭祀をおこなう際は「三種の神器」を祭祀器具として用い、さらにおそらくは「祝詞」を奏上した。――これは神道祭祀そのものだ。

神道はヒミコに始まる。もっと厳密に言うならば、古い形の神道と古い形の道教がヒミコにおいて融合して、後に伝わる〈神道〉が完成した。

それでは道教はいかなる経路でヒミコのもとに伝えられたのか。現時点で入手できる材料からは、二つの可能性が考えられる。

一つは、ヒミコが石棺に被葬されていることから、ヒミコ自身がその血脈を引くもので、もともと道教を民族宗教として持っていたという可能性である。

この場合は、ヒミコ以前に神道が宇佐にあったことになるため、御許山三神が神道の土着の神ということになるだろう。

もう一つは、八幡《やはた》神を氏神とする辛嶋氏系の思想が道教で、宇佐においてヒミコの神道と融合したという可能性である。

国家統治権を象徴する三種の神宝、それが納められるとともに、王の即位がおこなわれた前方後円墳、この時代はおおよそ三百余年続いた。

そして大化の改新の翌年、「薄葬令」によって前方後円墳の造営は禁止された。費用がかかりすぎて経済を圧迫しているという理由であった。もはや権威をあからさまに誇示せずともじゅうぶんなだけの安定政権になったということに違いない。

第五章　昭和・平成の神器　昭和天皇が守ったもの

■三島由紀夫の「三種の神器」観

かつて三島由紀夫が石原慎太郎との対談で、「最後に守るべきものは三種の神器しかない」と言った（「守るべきものの価値」『月刊ペン』所載）。

これに対して石原慎太郎は「自分の守るべきものは自由だ」と言った。石原氏も当時は若かったので、この発言については論評しない。

しかし彼の名誉は現在みごとに回復している。尖閣諸島を買い取るとの宣言は、最後に守るべきものが三種の神器であるという三島の発言と同質のものである。

当時の三島のこの発言は、いわゆる知識人たちから寄ってたかって揶揄された。揶揄しなかったのは小林秀雄くらいではないだろうか。

しかし揶揄した知識人たちのうち、三島の神器発言の真意を理解していた者はほとんどいなかったろう。

本書でこれまでに述べてきたように、三種の神器とは日本の歴史そのものであり、また日本の文化そのものである。すなわちそれは日本および日本人そのものであると言えるだろう。具体的な物品であったものが、ここまで昇華されたのにはそれだけの理由がある。三種の神器を揶揄する者は、日本および日本人を揶揄することである。

三島が「最後に守るべきものは三種の神器」であると言ったのは、むろん即物的な意味の「物品を守る」という意味ではない。当時の石原氏はまだ若く、日本の文化・歴史についてはあまり造詣が深くなかった。そんな彼に対する三島流の優しさが「三種の神器」と言わしめているのだろう。

要は、これだけの長期間守り続けてきたものが確固として存在する、それが日本という国であり、日本人という民族なのだと三島は教えているのだ。そして私たちが守るべき究極のものは、その一点に尽きるということであろう。それはすなわち伝統を守るということだ。

これは、かつて東京大空襲で東京の街が焦土と化しても数年で甦ったし、東日本大震災からも必ずや甦るであろうということで、日本および日本人とはそういうものである。

日本は今、精神的文化的危機に瀕している。経済的にも政治的にも危機に瀕しているのは周知のことだが、それらは遅かれ早かれどうにかなるだろう。しかし精神的危機、文化的危機は簡単には回復しない。回復不能な宿痾《しゅくあ》とは思いたくないが、きわめて重篤な病状であることは間違いないだろう。

　これらの危機感を共有するがゆえに石原氏の「尖閣」が出てきたのであろうし、橋下徹氏の「公立校の教職員は国歌を起立斉唱するのは当然」との姿勢にもつながってくる。いずれも本来当たり前のことであるのに、それが突出しているように思われるほど私たちの精神・文化は危うい状態にあるのだと思われる。

　思い返せば、三島が神器発言をしたのは一九六九年のことだ。それから実に四十三年が経った（＊単行本発行の二〇一二年当時）。石原氏はすでに齢八十（！）を超え、橋下氏は奇しくもこの年に生まれている。

　私は当時高校一年だったが、実は「三種の神器」を知らなかった。「神器」を「ジンギ」と発音することさえ知らなかった。むろん私の両親や祖父母は知っていたろうが、終戦後のタブー視する雰囲気から抜けることができずにいたようだ。そのため私に教えてくれる者は身近にいなかったのだが、当時はどこの家も似たようなものだろう。

　しかしなによりも、学校で一切触れられることがなかったのは致命的だ。戦前は『三種乃神器』といったタイトルの教本があって、単独の課目として教えていたほどであるのに、戦後は一転してタブ

明治から大正にかけて小学校の教本として用いられた「少年日本歴史読本」の『三種乃神器』。一冊まるごと神器にまつわることのみで構成されている。

ーとなってしまった。そのため私は、高校一年にもなって自力で学習するしかなかったのだ。

ところが私の問いかけに歴史の教師も満足に答えられないことがわかった。社会的にはすでにタブーではなくなっていたのだが、学校教育の場では依然として〝封印〟されたテーマであったのだ。

現在では、一部の環境を除いて、もはや特別扱いはないだろう。しかし〝秘宝〟であることには違いなくて、戦後六十七年が経つが、この間に「三種の神器」そのものについておおやけに報道されたのはただ一度のみである。当然と言えば当然なのだが、それは現在の天皇陛下に神器が承継されたことを伝えるものであった。

■践祚にともなう三種の神器の承継

わが国の究極の神宝である三種の神器が、今上天皇《きんじょう》（在位中の天皇をこう呼ぶ）にどのように承継されたのか紹介しよう。

天皇が崩御《ほうぎょ》すると、皇太子が践祚《せんそ》する。――崩御とは天皇が亡くなられること、そして践祚とは、その没後に皇位につくことである。

践祚は譲位と区別するが、現在の皇室典範では譲位の定めはなく践祚のみである。つまり天皇が存命のまま皇太子に譲位することはできない。崩御された時にのみ践祚となるので、現在は崩御と践祚は一体である。この時、皇位継承者第一位の皇族が践祚することになる（なお「践祚」という言葉も現在の皇室典範では使わなくなった）。

戦前の大日本帝国憲法の旧皇室典範には次のように明記されていた。

「第二章　践祚即位

第一〇条　天皇崩スルトキハ皇嗣即チ践祚シ祖宗ノ神器ヲ承ク」

天皇が崩御された時は、皇太子が践祚し皇祖代々の「神器」を継承する――ということであった。このように「神器」が明記されていた。いかに重要視されているかよくわかる。

ところが現在の日本国憲法・皇室典範においては「神器」継承については明文化されていない。

「第一章　皇位継承

第四条　天皇が崩じたときは、皇嗣が、直ちに即位する。」

即位する、とあるのみだ。これは、何かと問題になる「政教分離」の原則によって、「神器」は「祭祀器具」であって、皇室祭祀、神道祭祀と不可分の関係にあるためということになっている。祭祀に関する事柄はすべて「天皇の私事」ということになるので、皇室典範には記されない。切り離せるはずのないものを、無理矢理に区分区別しているのが現状なのだ。

この姑息な対応は、昭和天皇の葬儀においてもおこなわれた。すなわち神道儀礼によって斎行される「斂葬《れんそう》の儀」と、特定の宗教によらない「大喪の礼」とに、途中で区切りを付けたのだ。

——昭和六十四年一月七日、藤森昭一宮内庁長官により政府発表があった。

「天皇陛下におかせられましては、本日、午前六時三十三分、吹上御所において崩御あらせられました。」

これによって日本全土が喪に服した。

それまで長く病臥されていたこともあって、日本列島はその事実を淡々と受け止めた。全国の証券取引所が同日の立ち会いを停止し、テレビはＣＭをすべて控えた。ほぼすべてのチャンネルが皇室関連の特番に差し替えられた。アナウンサーもゲストコメンテーターも全員が喪服で出演した。

同日午前十時一分、皇居正殿・松の間において、皇位継承の儀式「剣璽《けんじ》等承継の儀」がおこなわれ、皇太子明仁《あきひと》親王殿下が天皇にご即位された。先帝崩御からわずか三時間半の後のことである（理論上は崩御と同時に践祚はおこなわれる）。儀式の様子は、史上初めてテレビと新聞を通じて公開された。

剣璽等承継の儀とは、旧皇室令（登極令）の「剣璽《けんじ》渡《と》御《ぎょ》の儀」に相当するもので、皇室典範で定められた「即位の礼」の一環としてただちにおこなわれるものだ。式には、首相、衆参両院議長、最高裁長官の三権の長と、全閣僚などが国民の代表として参列。喪服姿の新天皇陛下は、宮内庁長官らの先導で皇族を従えてお出ましになり、陛下が参列者と向き合う形で正面の席につかれ、承継がおこなわれる。

皇位の証しである三種の神器のうち、文字通り〈剣〉と〈玉璽〉の二種を引き継ぐものである。また「等」とは天皇の国事行為に使われる「天皇御璽」と「大日本国璽」の印二つを新天皇が受け継ぐ国家儀式である。

剣璽等承継の儀（共同通信社提供）

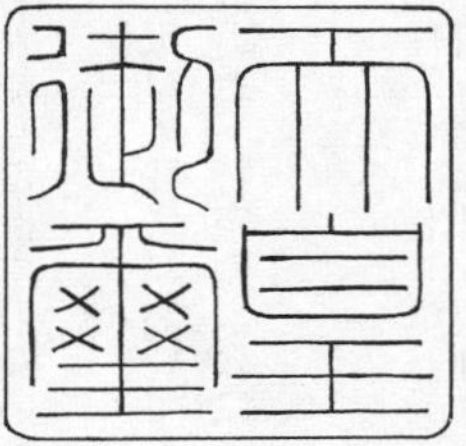

「天皇御璽」の印影。大きさは三寸（約9・09㎝）四方で、国璽印もほぼ同じ。

同じ時刻、宮中三殿では、即位にともなう皇室行事「賢所《けんしょ》の儀」と「皇霊殿・神殿奉告の儀」が掌典長によっておこなわれた。

その後、「即位礼当日賢所大前の儀」がおこなわれた。天皇は帛御袍《はくのごほう》の装束で、剣璽とともに即位を奉告した。こちらもテレビ等で放映されたので、国民は初めて目にすることとなった

（ただしカメラは社殿の中に入れないので、陛下の御昇殿の様子を外から映すもので、内部での次第を見ることはできない）。

賢所の儀は新天皇によりさらに二日目がおこなわれ、これをもって賢所に御神体として祀られているもう一つの三種の神器・八咫鏡《やあたのかがみ》（の分身）も承継された。

ここに新天皇は正しく即位された。

天皇たるものは、三種の神器を受け継いで初めて天皇となり、三種の神器が鎮座し、天皇の玉座のある場所が御所であり、御所の所在する地が日本の都である。これが、日本国の大原則である。したがって日本の現在の都は東京であって、他に都はない。

同日午後二時十分に臨時閣議を招集して新元号を決定し、二時三十六分、内閣官房長官・小渕恵三により記者会見にて新元号「平成」が発表された。

しかし――。

これまでわが国で用いられた元号は二四八に及ぶが、すべて「漢語」であり、漢籍とくに『史記』や『書経』に出典を求めてきた。二四八にも及ぶ歴代の元号に「和語」すなわち「やまとことば」は一つもない。

これが飛鳥時代や奈良時代であるならいざ知らず、大陸渡来の政治的文化的影響がほとんどなくなって永年月が経っているのに、なお古き慣習を引きずっているのだ。

新元号の決定にいたるプロセスは今回も公開されなかったが、元号決定に関わった者は罪が重いと言わざるを得ない。翌平成二年一月、竹下登（改元時の首相）が講演で、「平成」は陽明学者・安岡正篤の案であると述べているが、それを採用した竹下内閣は誤りを犯したのだ。記・紀・万葉の研究者や神道学者は他に少なからずいるにもかかわらず、中国思想の研究者に立案させたのはまったくのお門違いというものである。

ちなみに「元号をやまとことばにせよ」というのが私の持論だ。『古事記』や『万葉集』に典拠の、美しくも意義深いやまとことばはいくらでもある。漢籍に頼らなければならない理由はまったくない。

同月十九日午前十一時、新天皇陛下が首相らにお言葉を述べる「即位後朝見の儀」が、国の儀式として正殿・松の間で三六五人参列のもとにおこなわれた。

ただし、周知の通り〈鏡〉と〈剣〉は宮中祭祀用の「分身」である。「本体」はそれぞれ伊勢と熱田の神宮に御神体として鎮座している。したがって機を見てその二社へは即位奉告の参拝をおこなう。とくに伊勢は皇室にとって第一の宗廟である。なによりもまず奉告しなければならない。

同月三十一日、今上天皇により、先帝在位中の元号にちなみ昭和天皇と追号された。

翌二月二十四日、御大喪は東京・新宿御苑で営まれ、米大統領ら世界一六六か国から史上最多の弔問使節を始め、内外の代表約一万人が参列した。

葱華輦（共同通信社提供）

当日午前九時三十分、海上自衛隊による捧げ銃《つつ》と、陸上自衛隊による弔砲の見送りを受けて、霊柩を奉安せる轜車《じしゃ》を中心とする車列が新宿御苑へと向かう。

午前十時三十分、新宿御苑内に設けられた葬場入口にて、轜車から葱華輦《そうかれん》へ霊柩が遷され、斂葬《れんそう》の儀が始まる。

鈍色の伝統装束を着装した皇宮護衛官五十一名によって葱華輦は担がれ、先導に従って厳かに葬場殿へと参進する。

第一章ですでに紹介したが、葱華輦こそは古くから八瀬童子が担ぐものと了解されており、他の何者も触れることのない不可触領域であったのだが、このたびは八瀬童子は輿丁《よてい》に起用されなかった。公式には警備上の理由とされるが、真相は不明である。ただし六名のみ葱華輦に続く随従を許された。

葱華輦が葬場殿に奉安され、大真榊《おおまさかき》が供えられる。誄《るい》歌《か》（死を悲しむ歌）が奏され、祭官により御饌と幣物が供えられる。

続いて祭官長が祭詞を奏上した後、天皇陛下が玉串を捧げて拝礼され、御誄《おんるい》（一般の弔辞）を奏上。――これまでは御誄にて「三種の神器」を受け継ぐことを述べていたのだが、このたび初めて触れなかった。これも政教分離に宮内庁が配慮したものであろう。

天皇陛下の御誄奏上の後、皇后陛下、皇太后陛下御名代の常陸宮妃殿下、皇太子殿下、皇族方が拝礼。――そしてこの後、葬場殿から鳥居と大真榊が撤去され、祭官が退席してから、「大喪の礼」となる。つまり、「斂葬の儀」は皇室の私的儀式として神道儀礼に則って斎行されるが、「大喪の礼」は政府が主催する国の行事として執りおこなわれるため、政教分離をおこなったというのだ。

正午より、大喪の礼。天皇・皇后両陛下が御正面に進み、参列者は一分間の黙祷。次いで竹下首相、衆参両院議長、最高裁長官が拝礼し、弔辞を読み上げた。その後、各国国家元首五十五人以下、順次拝礼し、最後に国内の参列者も一斉に拝礼をした。

この後、霊柩は再び轜車に遷され、都下八王子市の武蔵陵墓地へと向かった。


陵墓の様式は古式に則った上円下方墳である。正方形の土台の上に円墳が重なる形式である。「天は円く、地は方なり。」――陰陽道の宇宙観「天円地方」の思想に基づくものだ。

武蔵野陵《むさしののみささぎ》では霊柩が石槨《せっかく》に埋葬され、皇室の儀式として「祭場殿の儀」が執りおこなわれた。

午後五時四十分、両陛下を初め皇族方の手ずからによる石槨への「お土かけ」がおこなわれた。

午後七時四十分、祭場殿前で「陵所の儀」斎行。両陛下、皇族方、三権の長、各省庁の事務次官、都道府県知事、市町村長ら約二百人が参列。篝火が灯され、楽師が誄歌を奏でる中、祭官が御饌と幣物を供えた。そして祭官長の祭詞。続いて天皇陛下の御告文《おつげぶみ》奏上。続いて皇后陛下や各皇族方が拝礼し、各参列者も拝礼した。——これにて、平成元年二月二十四日の諸祭儀はすべて了った。

しかしながら、政府・宮内庁の姑息な配慮のせいで、「三種の神器」の存在と意義をあらためて国民に知らせるための千載一遇のチャンスは失われたのだ。彼らは、いったい誰に配慮したというのだろうか。

そして翌年、一年間の諒闇《りようあん》が明けて最初の新嘗祭《にいなめさい》が「大嘗宮の儀」すなわち践祚《せんそ》大嘗祭となる。十一月卯の日より四日間にわたりおこなわれる。

これにて天皇となるための手続きはすべて完了する。

■昭和天皇は、わが身に替えて「国民」と「神器」を守ろうとした

昭和天皇は「三種の神器」を守るために終戦の決断をしたと伝えられる。

「当時私の決心は第一に、このままでは日本民族は亡びてしまふ、私は赤子《せきし》を保護する事が出来ない。

第二には国体護持の事で木戸（内大臣）も同意見であつたが、敵が伊勢湾附近に上陸

すれば伊勢熱田両神宮は直ちに敵の制圧下に入り、神器の移動の余裕はなく、その確保の見込みが立たない、これでは国体護持は難しい、故にこの際、私の一身は犠牲にしても講和をせねばならぬと思つた。」(『昭和天皇独白録』八月九日深夜の最高戦争指導会議)

昭和天皇は「赤子《せきし》(国民)」と「神器」を守るために御身を差し出す決意をしたのだ。講和を受諾すれば、天皇という立場から無事では済まないであろうことは、イタリア、ドイツの例を見れば疑いはなかった。

この発言があったのは八月九日であるから、三日前には広島に原爆が投下されており、この日の午前十一時には長崎にも原爆が投下されていた。

すでに皇居も、繰り返しおこなわれた爆撃によってほとんど焼け落ちていた。

ちなみに「皇居は爆撃されなかった」という伝説があるが、あれはまったくの誤りだ。NHKの記者であった秋山久氏はこう記している。

「東京を空襲する米軍機のパイロットたちは、上官が『皇居は狙うな』と言っても皇居を格好の標的としていたという証言があるように、皇居は再三にわたって激しい爆撃を受けた。」

同じことは熱田神宮でも起きていた。

氏は続けて、当時の小倉侍従長の日記をもとに皇居の被害を記している。

「一九四五（昭和二〇）年に入ると、空襲の被害が次第に大きくなり、皇居の大半が焼けた。小倉侍従日記の主な空襲の記録を日付順に並べてみる。

▼二月二五日（日）女官の住まい焼ける

B‐29百数十機、帝都来襲。宮城内も局（女官たちがすむ棟＝秋山）約半分、主馬寮廏仕合宿所など焼失す（焼夷弾による）。大宮御所、秩父宮御殿などに爆弾落下す。

▼四月一三日（金）宮城御所など焼失

一一・〇〇～二・二五、約百五十機、帝都中心部及び西北部に侵入、投弾。宮城御所にも被害あり。賢所参集所、賢所仮殿、御羽車舎、進修館等焼失す。

▼五月二五日（金）大火となり、殉難者三十三人

B‐29二百五十機来襲、焼夷弾を投下す。都下に大火災発生す。宮城表奥御殿、大宮御所、東宮御所、青山御殿、秩父宮、三笠宮、伏見宮、閑院宮、梨本宮、霞ヶ関離宮等、炎上す。全焼十六万戸、罹災人口約六十万。

宮城は正殿屋根裏に火を発し、（狐格子より火の粉入りたるため＝原文）大火となる。皇后宮御殿の裏庭にも同様発火、一時消し止めたるも、表宮殿より延焼の為、御静養室を残し木造部分全部焼失す。恐くの極みなり。第二期庁舎への延焼は必死に之を食ひ止めたり。

(注　一八八八〔明治二十一〕年十月に完工した大小二十七棟の宮殿は、四時間近く燃え続けて焼け落ちた。殉難の死者は三十三人にのぼった。)

以上の記述を見ただけでも損害の大きさがわかる。それでも第二期庁舎が延焼を免れたのは不幸中の幸いだった。なぜなら、終戦の玉音放送はここの御政務室で録音されたし、このあと触れる御文庫附属室が出来るまで『拝謁の間』として歴史的な役目を果たしている。」(『ネットジャーナルQ』)

皇居には防空壕が設けられていた。

「吹上御苑内防空建築の件、中上御内許を得たり」(一九四一年三月二十二日/小倉侍従日記)

これより二年後に完成したのがいわゆる「御文庫」である。建坪一三二〇平方メートル、地上一階、地下二階の三階建て。天皇皇后両陛下の寝室を始め、皇族御休息所、食堂、侍従室、女官室、風呂などがあった。屋根は一トン爆弾に耐えるよう、コンクリート一メートルの上に砂一メートル、さらにその上にコンクリート一メートルで計三メートルの厚さ。

しかし換気設備がほとんどなく、決して快適な空間ではない。

一九四五年六月には、御文庫と地下道でつながる御文庫附属室が陸軍工兵部によって建設された。会議室二つと通信機械室を設け、ここは終戦時の御前会議の場所となった。「太平洋戦争中の１９４４（昭和19）年11月１日から45年８月30日まで空襲に備え、三殿近くの仮殿地下に防空壕を掘り、天照大神も地下に潜行した。」（『平成の天皇と皇室』高橋紘）

このような状況の中で昭和天皇は、時の内大臣・木戸幸一にこう言った。

「伊勢と熱田の神器は結局自分の身近に移して御守りするのが一番良いと思ふ……万一の場合には自分が御守りして運命を共にするほかないと思ふ」（『木戸幸一日記』）

この発言が七月三十一日のことであるから、先の「私の一身は犠牲にして」発言までの九日間にさらに情勢は逼迫した。

そして八月十五日、玉音《ぎょくおん》放送。（玉音とは、天皇の肉声のことである。）天皇はみずからの声で、日本はポツダム宣言を受諾して、無条件降伏すると、直接国民に伝えた。これによって、民族も神器もかろうじて守られた。

■神器の受難

これほどに鄭重に取り扱われてきた宮中の神器が、ある一時期粗略に扱われたことがある。第九十六代・後醍醐天皇は、「神器」を利用して政権を争い、あろうことか「玉体」を優先した。昭和天皇の大御心《おおみこころ》（天皇の考えのこと）とはまったく相容れないものであり、他の歴代天皇のいずれの大御心とも相容れるものではないだろう。

後醍醐天皇の建武新政が完全な失敗失政であったことは今や常識であるが、北畠親房が『神皇正統記』において正当化の論陣を張ったことがその後の誤解のもととなった。個々の政策や紛争内容については本書の役割ではないのでここで評価はしないが、「三種の神器」の取り扱いに問題のあったことは経緯に明らかだ。

元徳三（一三三一）年、鎌倉討幕計画が発覚し、後醍醐天皇は笠置山に隠れるが、その際に剣璽を携行。捕らえられた際に接収されたが、〈剣〉は石突きが落ち、〈璽筥〉は紐が切れていたという（『花園天皇宸記』）。

その後、後醍醐天皇は隠岐に流されるが、元弘三（一三三三）年に島を脱出。足利尊氏・新田義貞らの活躍により鎌倉幕府は倒れ、後醍醐天皇は光厳天皇を廃してみずから再び皇位に就く。しかしこの際、剣璽は常に自分とともにあったから、光厳天皇は無効であって、自分こそが天皇であるとした。しかしそのような事実はなく、剣璽は別途調達した偽物で、三種はともに御所にあった。

建武新政が破綻して逃れる際には、北朝第二代・光明天皇に神器を渡しているが、これはかねて用意せる偽物で、本物は吉野へ持って行ったという。だから吉野の南朝こそが正統だとの主張を後醍醐天皇はおこなった。

しかしその後、後醍醐天皇亡き後の正平六（一三五一）年には、南朝後継となった後村上天皇の時に一時南朝側が戦況優勢となり、その際に北朝から神器を奪還している。偽物を奪還するというのもおかしな話なので、それまでの南朝側の神器のほうが偽物であったということになる。後醍醐天皇は隠岐で偽の神器を作ったように、吉野でも作っていたのだろう。

以後、北朝の三代、後光厳天皇、後円融天皇、後小松天皇は神器なしで即位している。明徳三（一三九二）年、足利義満の仲介によって南北朝合一となり、この時に南朝の後亀山天皇から、北朝の後小松天皇へ三種の神器が渡されて、ようやく決着が付いた。

しかし、神器あるところ皇権ありとすれば、この間の正統な皇位がいずこに帰趨するのかは、まことに複雑である。後醍醐天皇が隠岐から戻って再び皇位に就いたのは、所持していた神器が偽物であるならば皇位を簒奪したことになるし、後に北朝から神器を〝奪還〟しているというのも、奪還した神器が本物であるならば、今上天皇から神器を奪い取るという大罪を犯したことになるだろう。

それから五〇〇年後に、明治天皇によって、神器を保持していたがゆえに南朝こそが正統であると認定されたのはなんとも皮肉なことであった。

■三種の神器と、神社の御神体

現在、全国の神社の御神体は大半が「鏡」である。正確な割合はわからないが、九割以上であるだろう。

しかしこれは、明治以後のことだ。

それまでは他のものを御神体としているところも少なくなかったのだが、明治政府の指導によって替えられた。

八百万の神々は、その性格や由来が多様であるように、依り代・御霊代も一様ではない。由来由緒が異なれば、依り坐す形代も異なるのは当然だ。祭神の持ち物であったり、祭神の象徴であったりと多種多様であるのが本当だろう。

また、何らかの人工的物品を御神体とせずに、自然物そのものを御神体としていたところも少なくない。たとえば富士山本宮浅間神社の御神体は富士山そのものであるし、大神《おおみわ》神社の御神体は三輪山そのものである。ともにそれ以外の御霊代はあり得ないし、また不要である。

このように神社の由来を訪ねれば、由来する御神体も多種多様となる。その中でも「神威」の高さ強さゆえに、三種の神器に由縁する〈鏡〉〈剣〉〈玉〉が多くなるのは当然とも思われるが、いかがなものだろうか。

それではまず「三種」を御霊代としている神は如何なる神か、それぞれの祭神名を挙

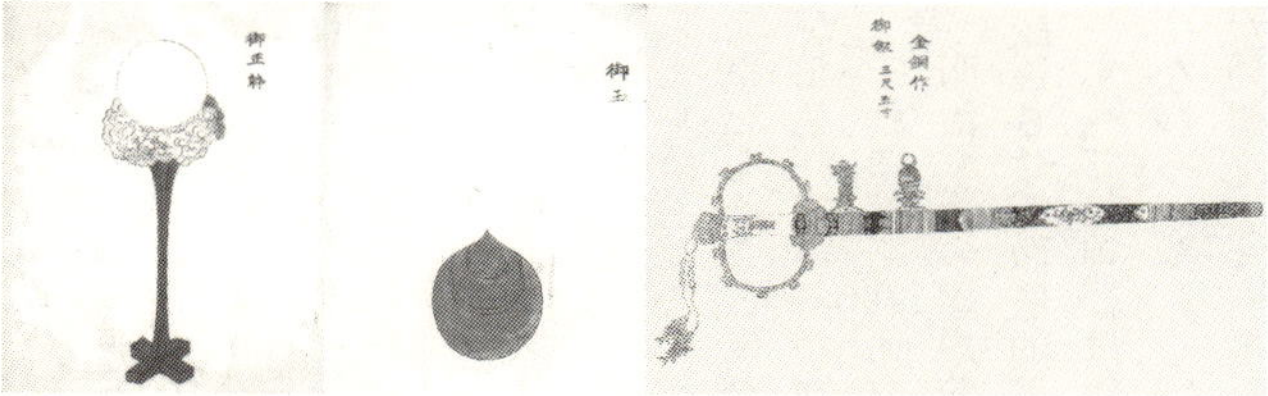

『神祇宝典・神器図』より。左から、御正躰（鏡）、御玉、御剣。

げてみよう（括弧内は別名）。その下の数字は、それぞれを祭神として祀る神社の数である。

〈鏡〉―天照大神（大日孁貴、日前神、他）―一三五八二社
　　　石凝姥命（伊斯許理度売命、他）――一七八社
〈剣〉―日本武尊（倭建命、小碓尊、他）――一九二三社
　　　素戔嗚尊（須佐之男命、他）――一三五四二社
　　　経津主神（鹿取神、布都主神、他）―二二二一社
　　　饒速日命（邇藝速日命、他）――二〇一社
　　　布都御魂神（韴霊剣、石上大神、他）―九九社
〈玉〉―大国魂神（大国玉神、他）――二二五社
　　　玉祖命《たまのおやのみこと》（玉屋命、他）――二七社

なお、神社は全国に約一二〇〇〇〇社あるが、一社一神という例はむしろ稀で、ほとんどの神社では複数の神を祀っている。三神、五神を併せ祀るのは珍しくなく、中には数十柱もの神を併せ祀っている神社もある。それらの祭神の中に少なくとも〈鏡〉を御霊代とする神があれば、御神体も〈鏡〉であって不

自然ではない。

しかし事実は前頁の数字が示す通りである。天照大神と石凝姥命の祭祀社を合わせても一三六〇〇社にしかならない。全国の神社の一割強である。つまり〈鏡〉を御神体・御霊代としてよいのは一割強に過ぎないのだ。それ以外の大多数の神社は強制的に変更させられた。

また、御神体を〈鏡〉とすることになって新たにアマテラス神を祀る神社も増えたということは、それよりさらに少ない数であったということになる。〈鏡〉は強制したが、祭神をアマテラス神に変更したり、新たに加えたりといったことまでは強制しなかったのだ。そのため、大多数の神社がアマテラス神を祀っていないのに、〈鏡〉は祀っているという形になっている。〈鏡〉を祀ることで〝自動的に〟アマテラス神を、ひいては天皇を祀ることになるという論理を採用したからである（本来の祭神も神社の本殿に名が記されているわけではなく、いわば口伝である）。

それにしても何故〈鏡〉なのか。

明治維新の思想的支柱となり、精神的原動力ともなった「復古神道」を、広く国民に浸透させ、徹底的に教化するための施策である。

すべての神社は伊勢神宮を本宗とし、祭主たる天皇のもとに一本化しようとしたのだ。すなわち〈鏡〉をすべての神社の御神体とすることは明治において「国策」となったのだ。

■「まつり」の本質は「祟り鎮め」

ところで神社の御神体が〈鏡〉になるとはどういうことかというと、信仰そのものが変質するということである。

とくにいわゆる「古社」——『延喜式神名帳』所載のものなど——は、その土地で独自の神を祀り、独自の信仰を育んで来たものが多い。そしてそのほとんどは慰霊・鎮魂である。また御神体は当然ながらその神、その信仰に由来するものである。

しかしそれを〈鏡〉に置き換える（あるいは新たに置く）ということは、重大な変換である。「祭神」を替えたとまでは言わなくとも、少なくとも「信仰の質」は変わることになる。

明治政府によって指導された〈鏡〉信仰は、皇祖アマテラスを「恵みの神」とする信仰であり、天皇を頂点とする統治体系の浸透を目的とするものだ。すなわち大日本帝国憲法の思想へもリンクしている。

「信仰」が変われば「祭り（祀り）」も変わる。

神社と祭り（祀り）が不可分の関係にあることは、いまさら言うまでもないだろう。神輿も山車も神の乗り物であり、祭りは神をことほぐものだ。そしていずれも神社から出て神社に帰る。

心得違いしてはいけないが、寺院と祭りは無関係であって、本来寺院に祭りはない。あたかも祭りのようにおこなう催事が寺院でも見受けられるが、それは神社の手法を真似たものである。

おそらく祭りの起源は縄文期まで遡るもので、今よりはるかに素朴な形で営まれていたと思われる。

「まつり」とは、祭り、祀りと表記するが、本来は「まつりごと」であって、すなわち「政事」である。祭祀と政治とが不可分に一体であった古代日本の思想であって、これを今なお実践しているのが天皇である。

また、厳粛なる「祀り」としては全国の神社において神職が実践しており、賑やかな「お祭り」としては全国各地で四季折々に実践されている。

また、神社の祭りは、そこに祀られる神の性格と深く関わっている。そして祭りの本質は、その祭神の祟り鎮めである。

私たちの祖先は、世の不幸不運は怨みを持つ神霊の祟りであると考えていた。その神霊の怨みや怒りを鎮めることが、不幸から逃れる方途であると考えた。それが「祭り」の発祥だ。

そして実は、アマテラス神も本質的には「祟り神」であって、「慰霊・鎮魂」の祭り（祀り）が本来のものであるのだ。

祭りの起源は、「天の岩戸開き」であるとはよく知られている。アマテラスが岩戸の中に隠れてしまったので、もう一度出てきてもらうためにおこなった踊りや音楽による賑わいである。

アマテラスは、スサノヲの乱暴な行為に怒って岩戸に引きこもった。つまり「怒り」によるものだ。そしてアマテラス引きこもりによる結果が「暗黒の世界の出現」である。これを「祟り」という。

岩戸開きの祭りは、その「怒り」を鎮め、慰めるための催しである。すなわち「慰霊」「鎮魂」である。

すでに述べたが「鎮魂」の意味には二種あって、みずからの魂を鎮める意味と、何ものかを慰霊する意味とがあるが、慰霊のほうが先にあって、それを神職の修法としたに過ぎない。折口信夫は、みずからのためにおこなう鎮魂・魂振りを神道の根元に見たが、なにもないところに突然発生的にこのような修法の生まれるはずがない。私の恩師筋にあたるので尊重するにやぶさかではないが、信奉者による盲信は、かえって弊害を生むだろう。

――こうして成立した太陽信仰は、新たな「禁忌」を創った。「原罪」と言ってよい。文明は、より進歩すればするほど、またより高度になればなるほど、背中合わせに脆弱さをも併せ持つのは宿命だ。わずかなほころびから、文明文化は驚くほどもろく崩れ去る。それを防ぐためには、あの手この手の防御が必要になる。厳格な法規による取り締まりであったり、暗黙の掟であったりとひたすら増加する宿命を負う。そしてその根源に、宗教的原罪が据えられる。

日本神話ではスサノヲが「原罪」を犯して追放された。これは正史に明記された。

この「原罪」とは太陽信仰への反逆罪が基本である。

「大祓詞」にある天津罪と国津罪、これこそは日本人の原罪である。

スサノヲが犯した罪を天津罪として、これに国津罪を加えて、神道は「大祓」をおこなう。すなわち、「これらの罪を犯す者は日本人ではない」と言っているのだ。

とくに天津罪は、これを犯したことによって、スサノヲが高天原を追放された特別の罪だ。しかも、髪と爪を切った上で追放された。これは魔力を封じる呪術であって、サムソン神話とまったく同じ性質のものだ。

しかし明治政府が全国の神社に指導した新たな御神体の〈鏡〉には「慰霊・鎮魂」の意味はない。

そもそもアマテラス神を「祟り神」だとはとらえていない。

太陽神であることの「恵み」の側面のみを強調し、これを新たな「神社神道」として設定したのだ。

〈鏡〉とともに、神職の所作や式次第、有職までも新たなものが与えられた。たとえば祭祀も均一化されて、拍手は特例を除き二拍手に統一された（それまでは神社によって四拍手や八拍手など様々であった）。

すなわち、明治以後の神道は、それ以前の神道とは決定的に異なるものに変貌したのだ。現在おこなわれている「神社神道」は、実は〝明治生まれ〟なのである。

■御神体・依り代の本来の姿

いまさら言うまでもないことだが、十種の神宝も三種の神器も、忽然と現れたわけではない。虚空から出現したわけでも、天空から降ってきたわけでもない。もしもそうと考えている人がいるなら、自身の知的レベルを疑うべきだろう。アラジンの魔法のランプは、ファンタジーの世界にしか存在しないものであって、無から有は産み出せない。鏡も剣も、元になる材料があり、製造する技術があり、誰かが誰かのために製造する。

そして、必ずどこかある土地で製造されたものであり、かつそれぞれの経路を経て、最終的に宮中に入ったものである。神話の記述は、その出自や経路を知るための最も有力な手掛かりの一つであるが、比喩は比喩として認識しなければならない。

時代や製造法、あるいは素材などが、教えてくれる事柄もある。国産か舶来かも、ある程度推定できるだろう。そしてそれは、国家の起源に直結するものだ。製造元が、即起源ではないが、それを入手し、位置付ける過程を見極めれば、国家の起源、神社や神道の起源が見えてくるだろう。

しかしこういった考究を「不謹慎」という人もいる。御神体・依り代は、神聖にしておかすべからざるものであると。

しかし私はそうは思わない。私自身も神道人であり、神宮を始めとする神社すべてについて畏敬の心はひとに劣るとは思わないが、それとこれとは別である。

そもそも神社・神道の御神体は、突き詰めれば神奈備《かむなび》（山）、神籬《ひもろぎ》（森）、磐座《いわくら》（岩）、靈《ひ》（光・霊）の四種である。人工的な物品を御神体・依り代とするのは後発のことであり、本来の神道信仰にはないもので、道教や仏教その他と習合して採用されたものである。

つまり、なんらかの「物品」を御神体とするのは、さほど古い起源ではないのだ。

神社建築の本殿も、それら物品の御神体を納めるために造られたものであって、それより古い形式の神社には本殿がないことはすでに触れた。

たとえば、前にも触れたが、奈良の大神《おおみわ》神社や埼玉の金鑽《かなさな》神社、長野の諏訪大社本宮《すわたいしゃほんみや》などは、拝殿のみで本殿がない。背後の神体山をそのまま参拝するようになっている。

これが、神道の本来の姿である。

かつての神社はすべてがその形であったが、その後、多くの神社が御神体に依り代を据えて、その保護のために社殿（本殿）を建築した。私たちの多くがイメージする姿は、この時から始まった「神社信仰」「神社神道」である。天皇は、神道の究極の祭祀者・祭主であり、全国の神社はすべてそのもとにあるとして、管理体制が構築されたのだ。

土俗の信仰に管理はおよそ馴染まないが、律令制がそれを推進し、最終的には憲法という人為の最たるものが最上位に置かれるようになる。明治生まれの「神社神道」は、みごとなまでに大日本帝国憲法の下に組み込まれ、内務省による管理体制が確立されたのだ。


ところで寺院はほとんどが西向きであるが、これは西方浄土に由来する。

では神社は、というと、多くは南向きであり、一部東向きである。

そしてその理由こそは、太陽信仰にあるとされる。

神社は人工の建築であるから、当然ながら明確な意図をもってそのように設計されている。依り代である神体山や磐座がいかなる向きにあろうとも、神社建築はこの原則を遵守している。そして、南面する神社は、日本人の原風景である。

明治の神社合祀によって神社はその数を大きく減らしてしまったが、それまで二〇万とも三〇万ともいわれる数の神社が日本全国に隈なくあって、そのほとんどが南向きであった。そしてそれらは古いもの（社殿建築）は千数百年前から人々の暮らしの中心にあるのだ。日本人がその影響を受けるのは必然である。

それでは太陽信仰の本質とは何か。

太陽信仰とは、天皇信仰である。天皇信仰とは、太陽信仰である。この両者は同義だ。少なくとも私たちの祖先が採用した時は同義であった。したがって本質なのだと再認識したい。国民統合のシンボルとして「日の丸」が生まれるのは、自然の成り行きであろう。

■神器はなぜ国産（和製）か

これまで見てきたように、三種の神器はいずれも「国産」である。また国産であらねばならない。

しかし、なぜ国産なのか。弥生時代から古墳時代前期の頃であれば、青銅製品や玉製品等は、明らかに大陸製のほうが上等であったろう。

わが国でもすでに早くから技術者を招聘し、模倣製品も製造するようになっていたが、それでも残念ながら出来映えは本家に及ばない。当時ですでに二〇〇〇年以上の青銅文化、玉文化が中国にはあったのだ。

しかしそれでも天皇家は神器に「国産」を選んだ。それには明確な理由がある。思想と言ってもよい。工芸品としての出来映えや、貴重性、高価な素材であるかどうかなどはいずれも問題ではない。問題なのは、ひとえに「国産」であるかどうかなのである。神器は舶来舶載であってはならないのだ。

たとえば籠《この》神社や日前宮《ひのくま》に納められている漢鏡は、きわめて質の高いものだ。あえて比較するならば、国産のいかなる鏡よりも、より古く、かつより上質であった。単純に工芸品としてのレベルで選ぶのであれば、これらのいずれでもよくて、また他にも候補は数多《あまた》あったであろう。

しかしもしこれらのいずれかを神器としたならば、同じものがどこか別の場所にも（もしかすると海外にも）存在することになるかもしれない。

あるいはさらに良質上等の類似品が出現するかもしれない。

もしそうなると、決定的な〝優越性〟がその瞬間に失われてしまう。同じものがあれば、それもまた皇位の保証になる。より上質なものがあれば、皇位はそれ以下ということになる。これでは唯一無二の神器として不適格であろう。

天皇が唯一無二の存在であるならば、その保証たる神器も唯一無二のものでなければならないのだ。しかも、日本の天皇であるのだから、その保証たる神器は日本製でなければならない。外国製では保証にならない。

かつて女王ヒミコの時代には、大国・魏王朝の保証を得ていた。それが「親魏倭王」の金印である。

しかしながら「親魏倭王」であるということは、どこまで行っても魏の属国ということで、本当の独立国家とは言えない。

それを熟知していた天皇は、独自の保証によってみずから立とうと決めたのだ。

すなわち三種の神器を定める際に、なによりも求められたのはその存在としての独自性であったのだ。それでも第四章で述べたように「三種」という〝セット・メニュー〟は変えなかった。はるか良渚文化の頃より「三種」による王権の象徴化はおこなわれていて、先に紹介したように様々な哲学・思想によって裏付けされている。これを覆す必要はとくになく、あるいは新たな哲学・思想を発見するのは困難である。したがって「三種」はよしとする。

しかし「天皇」という唯一無二の存在を保証するのに、どこからか借りてきたものでおこなうわけにはいかない。異国の借り物を使うわけにはいかないのだ。たとえそれがどれほど貴重で優れたものであろうとも。

たとえば「金印」とて、天皇の神器にはできない。その理由は右の通りだ。

だから鏡は、日本国産ならではのものになる。

勾玉が日本独自の工芸品であることは周知だが、剣ももちろんそうでなければならない。

すなわちそれは、独自のデザインで、独自に製作することを意味する。それ以外の方法では、神器は生まれないのだ。

ゆえに、八咫鏡は仿製鏡ではありえず、草薙剣も銅矛や銅戈や七支刀ではありえない。

余談であるが、NHK大河ドラマ『平清盛』をご覧になっている人の中には、清盛の振り回す刀（剣）が何やらおかしいと思った人も少なくないと思う。彼が振り回していたのは両刃の青銅剣で、宋の剣という設定なのだ。

しかしもちろんそんな馬鹿なことはないので、すでにこの時代には片刃の日本刀は技術的に他国の追随を許さぬレベルに達していた。高度に鍛造された鉄剣は、中国製や朝鮮製の銅剣の敵ではない。打ち合えば銅剣の刃が折れてしまう。壬申の乱で、近江朝廷側が銅剣を用いたが、大海人皇子（天武天皇）側は鉄剣・鉄刀を用いた。これが勝敗の分かれ目であった。銅剣は鉄剣に文字通り刃が立たなかったのだ。

当時なかなか手に入らない鉄剣を大量に調達したのは、大海人皇子の後見でもあった尾張氏を初めとする海部《あまべ》である。彼らこそは製鉄技術をこの国に持ち込み、刀剣の鍛造技術に優れた技術集団であったのだ。

壬申の乱をきっかけに、銅剣は鉄剣に敵わないと誰もが知るところとなる。したがって、この戦いを境に武士の武器はすべて鉄製になる。

壬申の乱が六七二年、保元の乱は一一五六年、つまり五〇〇年近く隔たっている時代に銅剣を実際の戦闘で用いるなどありえないのだ。源義朝やその他の武士がすべて日本刀で、清盛のみが考古遺物のような銅剣であるはずがないのだ。何の意図があってNHKがこのような意味不明な演出（考証）をおこなったのかまことに不可解だが、どう考えても好意的に解釈するのは難しい。

なんにせよ、すでに記・紀の時代には日本刀の鍛造技術はあったのだと知らねばならない。

ついでにいうと大河『清盛』では皇室のことを呼ぶ際に故意に「王家」としていた。皇室は皇室でなんの支障もないのに、何故「王家」と呼び変えるのかと多方面から非難されている。

　本書の「序」でもふれたように「三種の神器」を論じるに、西洋のレガリアに擬《なぞら》える、あるいはレガリアそのものとして論ずるという手法がある。個別の論文の表題に散見されるので、ご覧になった方も少なくないと思う。しかし、それは〝悪意〟のなせるものであろう。日本の皇室と、西洋の王家との根本的な相違を意図的に糊塗しようというものだろう。

　再三触れるが、日本では古来、祭祀と統治は一体のもので、総じて「まつりごと」と呼ぶ。祭祀と統治の両者に区別はない。

　しかし西洋では、祭祀と統治はまったく別で、国王が祭祀者や神官を兼ねることはほとんどない。一部例外はあるが、それとても王がたまたま祭祀者のトップにもなったというに過ぎない。つまりあくまでも本来別物であるがゆえに、特別な立場になったというものだ。

　天皇・皇室の独自性を失わせるためには、皇室を王家と呼び、神器をレガリアに擬えればよい。ついでに清盛の佩刀を日本刀から青銅剣に替えればよい。これで古来の日本のアイデンティティは雲散霧消することになる。

　さて話を原点に戻すが、「三種の神器」は、すべて「国産」でなければならなかった。

　しかし鏡は、ついに漢鏡や魏鏡に工芸技術で及ばなかった。

そこで大きさで比肩し得るもののないものを造った。それが直径四六・五センチメートルもの超大型内行花文鏡である。裏面の彫刻やデザインは漢鏡や魏鏡に比べればはるかにシンプルであるが、太陽を表現することで独自の思想を表現した。

ちなみに〝ヒミコの鏡〟として知られる三角縁神獣鏡は舶載鏡か、もしくは鋳型を取って製造された仿製鏡なので、神器にはならない。全国からこれまでに約五〇〇面出て来ているのは、ヤマト朝廷が各地の国造や豪族に〝勲章〟〝褒賞〟として与えたからではないだろうか。

石上神宮の七支刀は、百済から贈られたものであるので、わが国の神器にはならない。また刀剣は、ちょうど青銅剣の時代が終わりかけていて、鍛造した鉄剣が戦闘シーンを決定付けるようになり始めていた。青銅剣は加工しやすいこともあって、柄や柄頭に精緻な彫刻が施されていたが、鉄剣は加工しにくいこともあって、実用性つまり「切れ味」と「頑丈さ」が訴求された。つまり、世界に冠たる「日本刀」の原型こそは草薙剣である。

そして曲玉は、単なる「玉《ぎょく》製品」であるならば、古代中国の優れた工芸品がいくらでもあるのだが、もちろんそれは採用しなかった。そして、わが国古来の縄文文化の独特の造形を踏襲し、加熱による赤変という独自の技術を採用した。これによって中国皇帝との違いをも明確にした。

――これが「三種の神器」の真相である。

■神器は玉体（天皇の御身体）に装着するのが正しい

ところで、現行の剣璽御動座についてあえて本書で意義を云々するのは、おそらくは近臣によって暫定的におこなわれたものがそのまま踏襲されて現在に至っていると思われるからだ。たとえそれが平安時代からおこなわれている方法であっても、本来の意義と異なるのであれば正すに躊躇うべきではないだろう。

戦前の昭和十七年に発行された『帝室制度史』「動座」の章に次のように記される。

「神器を其の奉安の場所より他に動座し奉るは、天皇の践祚又は行幸の場合を恒例と為し、遷都又は天皇御在所の移御に当たりても、神器は当然之に伴い動座せらる。（略）践祚の場合に於ける神器の動座に付きては、上古は鏡剣を上る例なりしが、平安時代以後に至りては、剣璽渡御の儀のみありて、宝鏡は一般には別殿に奉安したるまま動座なかりし……」（＊傍線筆者）

つまり、動座は当初は鏡と剣であった。すなわち、玉璽は動座せず。しかして、このようなところが平安時代以後は、剣と玉璽が動座し、鏡は動座せず。このような変改がおこなわれた理由はいかなる資料にも記されていない。ただおそらくは本書で指摘した理由によるものであるだろう。

剣璽の間は天皇皇后両陛下の寝所の隣で、普段は白木の案《あん》に載せて袱紗が掛けてあるだけだという。御動座に際しては専任の担当侍従が持ち運ぶための専用ケースに納めて肩紐を掛け、抱えるように運ぶ。

右に挙げられている上古の例を待つまでもなく、神器となっている三種は本来的に「道具」である。そして最高権威者の威儀を示すに相応しい道具である。したがって、現行の如く「携行」するのは正しくない。

天皇が身に付ける、すなわち玉体に装着すべきであろう。

曲玉の輪は首に掛け、剣は腰にたばさむのが正当である。

そうすることでそれぞれを依り代として神威を玉体に受けることができるのだ。

また鏡は、祭祀の際には抱きかかえてみずからを映し、あるいは頭上にかざして太陽を映し、日常的には寝所にて枕頭に置き、常に「同床共殿」すべきである。それこそが皇祖アマテラス神の命《めい》である。皇太子殿下へはぜひそのようにされるよう期待したい。

明治天皇伏見桃山陵親謁の儀（宝剣捧持の侍従、天皇、玉璽捧持の侍従）

東京遷幸の儀（賢所御羽車、建礼門出御）

そもそも「分身」は、身に付けるための、着装するための「分身」であるだろう。

「本体」は、それぞれ厳かに斎き祀り、三種の「分身」を着装することによって、天皇として神々と祖霊の霊威を受けることができるだろう。

ヤマトタケルが神剣を帯びたのはそのためであり、かつて神武天皇が神器を帯びて東征を成し遂げたように、ヤマトタケルには新たな東征をおこなう使命があったのだ。だから天皇も、神器を着装することによって、真の天皇となるだろう。

なお、神器は、祟らない。伊勢の本体も、熱田の本体も、宮中の本体も、祟ることはない。「祟った」との記録があるのは、その時の人間の受け止め方である。ましてや現今のように手厚く祀られている御霊代が祟る所以がない。

とくに宮中に置かれている神器は祟らない。祟ったという記録もなく、祟る謂われもない。賢所の鏡璽も、剣璽の間の剣璽も、祟らない。だからこそ身に付けるべきであり、まとうべきであろう。そして今こそ神霊の霊威を直に戴くべきであろう。大嘗祭とは本来そのための祭儀であったはずである。

また現行の剣璽承継の儀は、あくまで略儀である。緊急の臨時儀式と心得なければならない。本来は剣璽のみではなく、鏡とともに承継されなければならない。すなわち「璽鏡剣三種承継の儀」たるべきであろう。そして賢所において祭式に則っておこなわれなければならない。分身の神璽輪飾りを首に掛け、分身の神剣を腰に佩し、分身の神鏡を胸に抱き、先帝の霊威を受け継ぐために神霊の前に拝礼する。――これこそが践祚であろう。神璽・神鏡・神剣・神霊・神体――これらが一体となるのが大嘗祭の本義である。そして大嘗祭をおこなって真に天皇となったあかつきには、機会あるごとに神器を身に装着して威儀を正していただくよう願ってやまない。

■参考資料（順不同）

『古事類苑　帝王部　神器』神宮司庁　一八九六年
『神器考証』栗田寛　國學院　一八九八年
『禁秘抄』順徳天皇　文亀二年版
『禁秘抄釈義』関根正直　一九〇〇年
『禁秘抄考註』牟田橘泉　故実叢書　一九〇六年
『神祇宝典　神器図』徳川義直撰　一七九〇年
『宮中三殿御図幷三大祭典御図』皇典講究所　一九〇八年
『宮中三殿幷に祝祭日解説』皇典講究所　一九〇九年
『御大礼御写真帖』中村竹四郎編　新橋堂書店　一九一五年
『三種の神器』本多辰次郎　東方書院　一九三四年
『帝室制度史　第五巻　第一編・天皇　第三章・神器』帝国学士院　ヘラルド社　一九四二年
『伊勢・熱田両神宮の神器と宮中の神器との関係』神社本庁　神社制度調査資料　一九五八年
『神道考古学講座〈第五巻〉祭祀遺跡特説』大場磐雄　雄山閣出版　一九七二年
『天皇の祭祀』村上重良　岩波書店　一九七七年
『芸術新潮』特集・天皇と宝物　新潮社　一九九〇年
『皇位継承』高橋紘・所功　文藝春秋　一九九八年
『花園天皇宸記』続群書類従完成会　一九九九年
『天皇と民の大嘗祭』高森明勅　展転社　二〇〇〇年
『天皇の祭り　大嘗祭＝天皇即位式の構造』吉野裕子　講談社　二〇〇一年
『平成の天皇と皇室』高橋紘　文藝春秋　二〇〇三年
『陰陽五行と日本の天皇』吉野裕子　人文書院　二〇〇四年
『日本神話１２０の謎』安本美典　勉誠出版　二〇〇六年
『三種の神器――謎めく天皇家の秘宝』稲田智宏　学習研究社　二〇〇七年
『古墳文化の成立と社会』今尾文昭　青木書店　二〇〇九年
『神鏡図説』竹田恒次郎　一八九七年
「宝鏡秘考」『伴信友全集　第五』国書刊行会　一九〇七年
『伊都国王墓展』夕刊フクニチ新聞社・平原遺跡調査団　一九六九年
『中国古鏡の研究』駒井和愛　岩波書店　一九七三年
『和鏡の文化史』青木豊　刀水書房　一九九二年
『実在した神話　発掘された「平原弥生古墳」』原田大六　学生社　一九九八年
『黒塚古墳　調査概報（大和の前期古墳Ⅲ）』奈良県立橿原考古学研究所　一九九九年
『伊都　古代の糸島』前原市教育委員会編集　前原市立伊都歴史資料館　二〇〇二年

『古代海部氏の系図　新版』金久与市　二〇〇四年　学生社
『伊勢神宮――知られざる杜のうち』矢野憲一　角川学芸出版　二〇〇七年
『石上神宮宝物誌』石上神宮編　一九三〇年
『石上神宮文化財』奈良県教育委員会編　石上神宮社務所　一九六二年
『熱田神宮』篠田康雄　学生社　一九六八年
『神剣考』高崎正秀著作集第一巻　桜楓社　一九七一年
『石上神宮宝物目録』石上神宮社務所　一九七四年
『古代刀と鉄の科学』（考古学選書）石井昌国・佐々木稔　雄山閣出版　一九九五年
『石上神宮の七支刀と菅政友』藤井稔　吉川弘文館　二〇〇五年
『鐸　剣　鏡』日本原始美術大系4　田中琢編　講談社　一九七七年
『日本青銅器の研究』杉原荘介　中央公論美術出版　一九七九年
『祭りのカネ銅鐸』歴史発掘8　佐原眞　講談社　一九九六年
『対論　銅鐸』森浩一・石野博信　学生社　一九九四年
『銅鐸の考古学』佐原眞　東京大学出版会　二〇〇二年
『勾玉』水野祐　学生社　一九六九年
『弥生文化の研究8　祭と墓と装い』金関恕・佐原眞編　雄山閣　一九八七年
『目の眼』特集・勾玉の神秘　里文出版　二〇〇二年
「勾玉のかたち」（『小林秀雄講演　第八巻』収録）小林秀雄　新潮社　二〇一〇年
『土偶』江坂輝弥　校倉書房　一九六七年
『土偶　埴輪』日本原始美術大系3　永峯光一・水野正好編　講談社　一九七七年
『土偶の知識』江坂輝弥・小野美代子　東京美術　一九八四年
『和辻哲郎随筆集』岩波書店　一九九五年
『有職故実図典』鈴木敬三　二〇〇四年　吉川弘文館
『お湯殿の上の日記』一九五七年訂正版　続群書類従完成会
『三島由紀夫の日蝕』石原慎太郎　新潮社　一九九一年
『木戸幸一日記』上下巻　木戸幸一　東京大学出版会　一九六六年
『昭和天皇独白録』寺崎英成、マリコ・テラサキ・ミラー　文藝春秋　一九九五年
「小倉庫次侍従日記」『文藝春秋』二〇〇七年四月号

『鼇頭古事記』度会延佳校正（著者所蔵）延宝六年
『日本書紀』國史大系　前編・後編　吉川弘文館　一九九三年
『日本書紀私記』國史大系　吉川弘文館　二〇〇三年
『古事記』國史大系　吉川弘文館　二〇〇二年
『古事記　先代舊事本紀　神道五部書』國史大系　吉川弘文館　二〇〇二年
『延喜式』國史大系　前編　吉川弘文館　一九八一年
『古事記伝』本居宣長　岩波書店　一九四〇年
『延喜式祝詞教本』御巫清勇　神社新報社　一九八〇年
『漢書郊祀志』班固　平凡社東洋文庫　一九九六年
『史記・天官書』司馬遷　前九七年（『史記２書・表』小竹文夫・小竹武夫訳）ちくま学芸文庫　二〇〇九年
『五行大義』中村璋八　明徳出版社　二〇〇四年
『群書解題　第一中　神祇部二』続群書類従完成会　一九六二年
『東アジア民族史１　正史東夷伝』井上秀雄・他　訳注　東洋文庫二六四　平凡社　一九九二年
『先代旧事本紀の研究』鎌田純一　吉川弘文館　一九六二年
『古代物部氏と「先代旧事本紀」の謎』安本美典　勉誠出版　二〇〇三年
「特集・歴史検証『先代旧事本紀』神代から天孫へ」『歴史読本』二〇〇八年十一月号
「総力特集『先代旧事本紀』と古代物部氏の謎」『季刊邪馬台国』梓書院　二〇〇一年夏号
『新撰姓氏録の研究　本文篇』佐伯有清　吉川弘文館　一九六二年
『神々の系図（世・続）』川口謙二　東京美術　一九九一年
『出雲国風土記』沖森卓也・矢嶋泉・佐藤信　山川出版社　二〇〇五年
各神社由緒書
『平成祭データ』（CD-ROM）神社本庁　平成七年版
同検索プログラム Saiwin Version1.04 Created by Yanase. For Windows by Matsuoka. Copyright©2002
『玄松子の記憶』http://www.genbu.net/
『古代史獺祭』http://www001.upp.so-net.ne.jp/dassai/
『西野神社　社務日誌』http://d.hatena.ne.jp/nisinojinnja/
『ネットジャーナル「Q」』秋山久　http://www2u.biglobe.ne.jp/~akiyama/

イラスト作成協力　株式会社サンユー・コミュニケーションズ

その他、自著のすべて、多くの図書資料、映像資料等を参考としています。各々の著者・編集者に謝意を表します。

なお、本文中に引用されている記・紀をはじめとする古文献の書き下ろし文および訳文は、とくに但し書きのない限りすべて著者自身によるものです。また引用・参考等において物故された方については原則的に敬称を省略しております。

跋

今年、平成二十四（二〇一二）年は、『古事記』成立から一三〇〇年になる。しかし本書はとくにそれを意識していない。年内に集中する数多の関連書とは無縁である。そもそも三種の神器の意義を『古事記』および『日本書紀』に求めるのが常態化しているが、それは本末転倒というものだろう。

記・紀より以前から神器（とくに鏡と剣）は皇位の保証として存在した。すなわち、記・紀は、まず神器があって、その後に生まれたものである。記・紀は一三〇〇年ほど前に成立したが、神器およびそれに類するものは、それよりはるかに古い。本文で紹介したように、畿内でもすでに三世紀の前期古墳に玉類や鉄製の武器とともに鏡が必ず副葬されるようになっているが、これが九州北部ではさらに古く弥生時代中頃（前一世紀）の支配層の墳墓から鏡と玉類と銅製・鉄製の武器が発掘されている。

だから本書は神器そのものへのアプローチを最優先とした。神話の解析も神器の存在から始め、神話と歴史の一貫性も神器そのものに保証を求めた。

本書では、徹頭徹尾「モノ」にこだわってみた。鏡・剣・玉を頂点として、その関わりの中に存在する「形ある品物《しなもの》」である。単なる物品《ぶっぴん》が、由緒や思想といった心性をともなうと、まったく異なる次元の高みへと引き上げられる。八咫鏡は、もはや単なる鏡とは別物だ。草薙剣も八坂瓊曲玉も同様である。かつて北畠親房が「まさに之に比ぶるべきものなし」(「神器伝授篇」)と述べたように、比べることのできるものはない、のだ。

本書で解析した神器の「姿」からは、きわめて重要な事実が明らかになった。とくに「姿」そのものは、これまで読者の多くの方々が想像もしていなかったものであっただろう。その「姿」には、記・紀を読んでいるだけでは到底知り得ない真実がある。本文に記したように、私たちの歴史はここに集約されていたのだ。なんと象徴的な物品であることか。

本文で述べたように、神宮の八咫鏡と皇居の〈鏡〉は、また熱田神宮の草薙剣と皇居の〈剣〉は、それぞれ本体と分身という関係にある。それは現在公式に認定されていることだ。たとえ歴史的に別の由来を持つとしても、また相互にまったく異なる姿形であるとしても、それが現在の事実である。

そして、そうであることと、固有の由来を究明することとは別のことである。未知の由来が明らかになっても、神器の神聖性はいささかも変わるものではない。式年遷宮はこれからも連綿と続き、天皇・皇室の弥栄《いやさか》にはまったく変わりはない。

また、これらの事実は、結論ではない。神器制定以前へのさらなる手掛かりでもある。すなわち、私たちの血脈は「三種」の融合に因っているのであって、——あるいは、「四種」か、さらに「多種」の融合というほうが、もっと正確かもしれない——、「三種」が制度として成立したのは、いわば歴史の結節点に過ぎないのだ。

その結節とは、何と何の結節か。

ここまで論じたからには、次の段階では「縄文の神」と「弥生の神」の関係を考究しなければならないだろう。それこそは大元の「融合」であり「結節」であって、私たちに課せられた究極のテーマだろう。神器の母胎でもある神社は、まさにそういう構造になっているのだが、それはまた別の機会に提示しよう。

なお本書は、これまで折に触れて書いて来た「神器」に関する論考をベースに、さらに発展させた論考を新たに書き加えて一冊にまとめたものである。「神器」についての単著の要望は早くから受けていたが、結果的に六年経ってしまった。ただ、そのおかげで新たな発見もいくつかあった。

かつて拙著『ツクヨミ』において神璽・八坂瓊曲玉を論じたが、本書ではさらに大きく踏み込む手掛かりを得た。

また、『ヒルコ』において神鏡・八咫鏡の血脈を考察したが、さらに奥深く踏み込めたのはやはりその成果を踏まえたからこそであろう。

前著『ニギハヤヒ』で神剣・草薙剣について得た発想は、本書でさらなる進展をもたらすこととなった。

余談だが、論考に取り組んでいると、ある時いきなり天啓を得る。普段の私の能力では届かないような斬新な発想が降って来たかのように思考野に現れる。これまでいずれの著書もいくつかの天啓があって成り立ったものだが、今回もこれまでの例に違わず天啓は降って来た。これは何も私だけに特有のことではなくて、きっと誰にでも起こることなのだろうが、あらためて感謝したいと思う。それが本書書き下ろしの推進力になったことは紛れもないことなので。

そして本書の場合、なによりも読者の方々から本テーマを求められたことが執筆の最大の理由である。機会を得たことで、さらに新たな真相をもいくつか提示できたことは私にとっても僥倖であったが、その成果が読者諸氏のご期待ご要望に沿えたであろうことを願っている。

ちなみに本書において神名表記等はカタカナ表記を最優先としているが、漢字表記を用いる場合には原則的に『日本書紀』の表記に準拠している。その理由は本文にて触れているのでご確認されたい。

末尾になったが、河出書房新社編集部の西口徹氏にはいつもながらたいへんお世話になった。そのほか様々にお世話になった方々とともに、ここに謹んで謝意を表する。

平成二十四年葉月　戸矢 学

文庫版あとがき

伊勢の遷宮の翌年、平成二十六年三月二十五日、天皇皇后両陛下は新しくなった外宮・内宮にご参拝された。その際に、剣璽御動座がおこなわれた。二十年ぶりのことであった。

その予定は、あらかじめ発表されており、事前にニュースとなっていた。当日にはさらに画像と共に各局が報道することになる。

私にも、民放のあるニュース番組から取材依頼があった。あらかじめインタビューをおこない、ニュース放送の時に私のコメントを放送するというものだ。

私は即座に辞退した。

それまで何度かテレビ用のインタビューを経験していたが、そのまま放送されることはないのだと分かっていたからだ。極端なものでは、おおよそ三時間におよぶインタビューを受けて、実際に使われたのは三分ほどであった。これでは私が話した意図がじゅうぶんに伝わるはずもない。

また、別の時には、私の発言の一部分を切り取って放送につなげたために、私の発言の主旨とはまったく異なる意味になっていたことさえあった。

今回の依頼は、「三種の神器の意味」、がテーマであった。テーマがテーマだけに「私のコメントは放送されないな」と確信した。だから、辞退した。

実際の放送を観たところ、先輩の某先生が「智・仁・勇」をシンボライズしている、と解説しておられた。それも間違いではない。

しかしそれは中世以降に輸入された儒教の「三徳」の概念を後付けで当てはめたものである。江戸時代の儒学者・林羅山が唱えた説であり、儒学で神道を包摂しようという徳川幕府の政策によるものだ。


本来は、信仰と経済と軍事である。——私ならそう述べる。

しかしながら、このコメントではテレビ局は放送できないだろう。

天皇が、神道信仰の主宰者であり、経済財政の責任者であり、軍事三軍の統率者であることを象徴的にあらわしているのが三種の神器であるということになるからだ。

宗教も、政治も、天皇が関わると言ってはならず、とくに軍事は、戦前の軍国主義を彷彿させるため、テレビ局がそのまま放送することはあり得ない。

つまり、本来の意味はいまやタブーなのだ。「智仁勇」のような観念的にとらえた説のほうが無難というものだ。

しかし真実はそうではない。

良い機会だから、ここにあらためて三種の神器の意味を明示しておこう。

「八坂瓊曲玉《やさかにのまがたま》、八咫鏡《やたのかがみ》、草薙剣《くさなぎのつるぎ》」が体現しているのは、

「まつり、みのり、まもり」

である。

まつりは、祭祀であり信仰である。

みのりは、収穫であり経済である。

まもりは、防衛であり軍事である。

三種の神器はそれぞれにこれらを象徴するものであって、それを受け継ぐ天皇は、当然ながらこれらすべてを統帥するとの意味である。現実現状がどうなっているかとは関わりなく、これが本来の意味である。

平成二十八年夜長月　戸矢 学

＊本書は、『三種の神器――〈玉・鏡・剣〉が示す天皇の起源』（小社刊、二〇一二年一二月）を文庫にしたものです。

三種《さんしゅ》の神器《じんぎ》
天皇《てんのう》の起源《きげん》を求《もと》めて

二〇一六年一二月一〇日　初版印刷
二〇一六年一二月二〇日　初版発行

著　者　戸矢《とや》学《まなぶ》
発行者　小野寺優
発行所　株式会社河出書房新社
〒一五一－〇〇五一
東京都渋谷区千駄ヶ谷二－三二－二
電話〇三－三四〇四－八六一一（編集）
〇三－三四〇四－一二〇一（営業）
http://www.kawade.co.jp/

ロゴ・表紙デザイン　粟津潔
本文フォーマット　佐々木暁
本文組版　株式会社ステラ
印刷・製本　中央精版印刷株式会社

Printed in Japan ISBN978-4-309-41499-7

完本 聖徳太子はいなかった 古代日本史の謎を解く

石渡信一郎 40980-1

『上宮記』、釈迦三尊像光背銘、天寿国繡帳銘は後世の創作、遣隋使派遣もアメノタリシヒコ（蘇我馬子）と『隋書』は言う。『日本書紀』で聖徳太子を捏造したのは誰か。聖徳太子不在説の決定版。

日本人の神

大野晋 41265-8

日本語の「神」という言葉は、どのような内容を指し、どのように使われてきたのか？ 西欧のGodやゼウス、インドの仏とはどう違うのか？ 言葉の由来とともに日本人の精神史を探求した名著。

天皇の国・賤民の国 両極のタブー

沖浦和光 40861-3

日本列島にやってきた諸民族の源流論と、先住民族を征圧したヤマト王朝の形成史という二つを軸に、日本単一民族論の虚妄性を批判しつつ、天皇制、賤民、芸能史、部落問題を横断的に考察する名著。

新名将言行録

海音寺潮五郎 40944-3

源為朝、北条時宗、竹中半兵衛、黒田如水、立花宗茂ら十六人。天下の覇を競った将帥から、名参謀・軍師、一国一城の主から悲劇の武人まで。戦国時代を中心に、愛情と哀感をもって描く、事跡を辿る武将絵巻。

大化の改新

海音寺潮五郎 40901-6

五世紀末、雄略天皇没後の星川皇子の反乱から、壬申の乱に至る、古代史黄金の二百年を、聖徳太子、蘇我氏の隆盛、大化の改新を中心に描く歴史読み物。『日本書紀』を、徹底的にかつわかりやすく読み解く。

蒙古の襲来

海音寺潮五郎 40890-3

氏の傑作歴史長篇『蒙古来たる』と対をなす、鎌倉時代中期の諸問題・面白さを浮き彫りにする歴史読物の、初めての文庫化。国難を予言する日蓮、内政外政をリードする時頼・時宗父子の活躍を軸に展開する。

異形にされた人たち

塩見鮮一郎　40943-6

差別・被差別問題に関心を持つとき、避けて通れない考察をここにそろえる。サンカ、弾左衛門から、別所、俘囚、東光寺まで。近代の目はかつて差別された人々を「異形の人」として、「再発見」する。

差別語とはなにか

塩見鮮一郎　40984-9

言語表現がなされる場においては、受け手に醸成される規範と、それを守るマスコミの規制を重視すべきである。そうした前提で、「差別語」に不快を感じる弱者の立場への配慮の重要性に目を覚ます。

賤民の場所　江戸の城と川

塩見鮮一郎　41052-4

徳川入府以前の江戸、四通する川の随所に城郭ができる。水運、馬事、監視などの面からも、そこは賤民の活躍する場所となる。浅草の渡来民から、太田道灌、弾左衛門まで。もう一つの江戸の実態。

貧民に墜ちた武士　乞胸という辻芸人

塩見鮮一郎　41239-9

徳川時代初期、戦国時代が終わって多くの武士が失職、辻芸人になった彼らは独自な被差別階級に墜ちた。その知られざる経緯と実態を初めて考察した画期的な書。

吉原という異界

塩見鮮一郎　41410-2

不夜城「吉原」遊廓の成立・変遷・実態をつぶさに研究した、画期的な書。非人頭の屋敷の横、江戸の片隅に囲われたアジールの歴史と民俗。徳川幕府の裏面史。著者の代表傑作。

日本の伝統美を訪ねて

白洲正子　40968-9

工芸、日本人のこころ、十一面観音、着物、骨董、髪、西行と芭蕉、弱法師、能、日本人の美意識、言葉の命……をめぐる名手たちとの対話。さまざまな日本の美しさを探る。

花鳥風月の日本史

高橋千劔破　41086-9

古来より、日本人は花鳥風月に象徴される美しく豊かな自然のもとで、歴史を築き文化を育んできた。文学や美術においても花鳥風月の心が宿り続けている。自然を通し、日本人の精神文化にせまる感動の名著！

藩と日本人　現代に生きる〈お国柄〉

武光誠　41348-8

加賀、薩摩、津軽や岡山、庄内などの例から、大小さまざまな藩による支配がどのようにして〈お国柄〉を生むことになったのか、藩単位の多様な文化のルーツを歴史の流れの中で考察する。

維新風雲回顧録　最後の志士が語る

田中光顕　41031-9

吉田東洋暗殺犯のひとり那須信吾の甥。土佐勤皇党に加盟の後脱藩、長州に依り、中岡慎太郎の陸援隊を引き継ぐ。国事に奔走し、高野山義挙に参加、維新の舞台裏をつぶさに語った一級史料。

東京震災記

田山花袋　41100-2

一九二三年九月一日、関東大震災。地震直後の東京の街を歩き回り、被災の実態を事細かに刻んだルポルタージュ。その時、東京はどうだったのか。歴史から学び、備えるための記録と記憶。

伊能忠敬　日本を測量した男

童門冬二　41277-1

緯度一度の正確な長さを知りたい。55歳、すでに家督を譲った隠居後に、奥州・蝦夷地への測量の旅に向かう。艱難辛苦にも屈せず、初めて日本の正確な地図を作成した晩熟の男の生涯を描く歴史小説。

アジアの聖と賤　被差別民の歴史と文化

野間宏／沖浦和光　41415-7

差別と被差別の問題に深く関わり続けた碩学の、インド、中国、朝鮮、日本の被差別問題の根源を、貴・賤、浄・穢の軸から探る書。豊富な実地体験・調査から解き明かす。

日本の聖と賤　中世篇

野間宏／沖浦和光　41420-1

古代から中世に到る賤民の歴史を跡づけ、日本文化の地下伏流をなす被差別民の実像と文化の意味を、聖なるイメージ、天皇制との関わりの中で語りあう、両先達ならではの書。

新選組全隊士徹底ガイド　424人のプロフィール

前田政紀　40708-1

新選組にはどんな人がいたのか。大幹部、十人の組長、監察、勘定方、伍長、そして判明するすべての平隊士まで、動乱の時代、王城の都の治安維持につとめた彼らの素顔を追う。隊士たちの生き方・死に方。

軍師の境遇

松本清張　41235-1

信長死去を受け、急ぎ中国大返しを演出した軍師・黒田官兵衛。だが、その余りに卓越した才ゆえに秀吉から警戒と疑惑が身にふりかかる皮肉な運命を描く名著。2014年大河ドラマ「軍師官兵衛」の世界。

サンカ外伝

三角寛　41334-1

サンカ作家三角寛の代表作。戦前、大日本雄弁会より刊行された『山窩血笑記』より、現在読めないものを精選して構成。初期三角が描くピュアな世界。

山窩奇談

三角寛　41278-8

箕作り、箕直しなどを生業とし、セブリと呼ばれる天幕生活を営み、移動暮らしを送ったサンカ。その生態を聞き取った元新聞記者、研究者のサンカ実録。三角寛作品の初めての文庫化。一級の事件小説。

山窩は生きている

三角寛　41306-8

独自な取材と警察を通じてサンカとの圧倒的な交渉をもっていた三角寛の、実体験と伝聞から構成された読み物。在りし日の彼ら彼女らの生態が名文でまざまざと甦る。失われた日本を求めて。

赤穂義士　忠臣蔵の真相

三田村鳶魚　41053-1

美談が多いが、赤穂事件の実態はほんとのところどういうものだったのか、伝承、資料を綿密に調査分析し、義士たちの実像や、事件の顚末、庶民感情の事際を鮮やかに解き明かす。鳶魚翁の傑作。

生きていく民俗　生業の推移

宮本常一　41163-7

人間と職業との関わりは、現代に到るまでどういうふうに移り変わってきたか。人が働き、暮らし、生きていく姿を徹底したフィールド調査の中で追った、民俗学決定版。

民俗のふるさと

宮本常一　41138-5

日本人の魂を形成した、村と町。それらの関係、成り立ちと変貌を、ていねいなフィールド調査から克明に描く。失われた故郷を求めて結実する、宮本民俗学の最高傑作。

山に生きる人びと

宮本常一　41115-6

サンカやマタギや木地師など、かつて山に暮らした漂泊民の実態を探訪・調査した、宮本常一の代表作初文庫化。もう一つの「忘れられた日本人」とも。没後三十年記念。

隠された神々

吉野裕子　41330-3

古代、太陽の運行に基き神を東西軸においた日本の信仰。だが白鳳期、星の信仰である中国の陰陽五行の影響により、日本の神々は突如、南北軸へ移行する……吉野民俗学の最良の入門書。

日本人の死生観

吉野裕子　41358-7

古代日本人は木や山を蛇に見立てて神とした。生誕は蛇から人への変身であり、死は人から蛇への変身であった……神道の底流をなす蛇信仰の核心に迫り、日本の神イメージを一変させる吉野民俗学の代表作！